Birte Müller

WO EIN WILLI IST, IST AUCH EIN WEG

Birte Müller

WO EIN WILLI IST, IST AUCH EIN WEG

Verlag Freies Geistesleben

1. Auflage 2017

ⓔ auch als eBook erhältlich

Verlag Freies Geistesleben
Landhausstraße 82, 70190 Stuttgart
www.geistesleben.com

ISBN 978-3-7725-2788-3

VORWORT

Wenn ich in irgendetwas nicht gut bin, dann ist es Zeitmanagement. Seit Jahren steht – neben dem Wunsch, glücklich zu sein – nur ein einziges weiteres Vorhaben auf meiner Liste der guten Vorsätze für das neue Jahr: *weniger machen!*

Aber wann immer es mir gelingt, auch nur ansatzweise das Gefühl zu bekommen, meine Arbeit und sonstigen Pläne seien einigermaßen überschaubar, stopfe ich das potenzielle Zeitfenster mit neuen Projektideen voll: professionelle Gebärdenfilme für Willi, einen schulübergreifenden Bastelwahnsinn als Spendenaktion für «Hände für Kinder» ... Wobei mir jederzeit so viel einfällt, dass ich mich gar nicht entscheiden kann. Auf die Idee, mal mein Arbeitszimmer aufzuräumen – durchaus auch ein Großvorhaben –, komme ich dabei nicht.

Einzelne, überraschend freiwerdende Stunden werden spontan für die Entsaftung von (bergeweise!) Fallobst oder zum Nähen eines Kostüms für Olivia verwendet, was sich dann natürlich immer bis spät in die Nacht hinzieht. Mein Mann ist anders. Er schüttelt nur noch den Kopf über meinen ewigen Hyperaktivismus, was mich natürlich nervt. Er durchschaut, dass das Pressen von Apfelsaft vielleicht nur eine Stunde dauert, die Vor- und Nachbereitung aber ebenfalls Zeit beanspruchen – und zwar sogar deutlich mehr Zeit. Ich dagegen überschätze mich *immer* heillos! Deswegen ist Matthias am nächsten Tag meist derjenige, der die

Saftreste von allen Küchenfronten schrubben muss, was natürlich *ihn* nervt.

Dieses Jahr an Weihnachten, meinem traditionellen Super-Gau der persönlichen Selbstüberschätzung, wollte ich mal *wirklich* alles besser machen. Und es wäre mir auch fast gelungen: ein gekaufter Adventskranz, keine selbst gebastelten Weihnachtsgeschenke, kein Lebkuchenhaus und keine einzige Lesung im Dezember! Ich war stolz auf mich. Alle Texte für dieses Buch waren fertig und abgegeben, es fehlten nur noch fünf Bilder – bis zum Beginn der Ferien machbar!

Und dann werden doch tatsächlich beide Kinder *und* der Mann krank.

Es muss ein genetischer Vorteil sein, eine Überlebensstrategie, die sich seit Urzeiten des Mann-Seins zurechtevolutioniert hat: Wenn ich sage, dass ich Halsschmerzen bekomme, legt sich Matthias krank ins Bett. Bei spuckenden Kindern funktioniert dieser männliche Schutzmechanismus ebenfalls einwandfrei.

Und dann schreibt mir mein Lektor auch noch eine E-Mail, dass wir ein Vorwort für dieses Buch brauchen! Das geht jetzt wirklich zu weit, das schaffe ich nicht auch noch. Aber ich soll im Vorwort erklären, dass dies die zweite Willi-Texte-Sammlung ist, entstanden hauptsächlich aus den ungekürzten Kolumnen, die unter «Willis Welt» und «Mama Müller» in dem Lebensmagazin *a tempo* erschienen sind sowie bei *Spiegel Online* unter dem Titel «Ganz harte Schule». Das sei hiermit getan.

Ich hoffe, das reicht, und alles andere erklärt sich von selbst. Und ich leiste jetzt schon mal Abbitte gegenüber allen Therapeutinnen und Therapeuten dieser Welt: Wir lieben euch und brauchen euch, aber das, was ich da ab Seite 142 schreibe, musste mal raus ...

Jetzt muss ich aber Schluss machen, denn ich sollte dringend für die Kinder noch Geschenke besorgen und für heute Nachmittag einen Keksteig vorbereiten. Und die fünf Bilder, die fehlen ja auch noch!

Hamburg, im Advent 2016 *Birte Müller*

ALLES GUT? MUSS JA!

Manchmal wäre ich gerne eine Amerikanerin. Die kann nämlich vielfach täglich auf die Frage «How are you?» einfach lächelnd mit «Thanks, fine» antworten – selbst wenn sie zu Hause ein geistig schwerbehindertes Kind hat, das sich mit sieben Jahren noch nicht halbwegs selber anziehen kann, und dazu noch eine kleine diktatorische Tochter, die sich dafür gerne täglich bis zu zehnmal neu einkleidet. Egal, was für ein nervliches Wrack eine Amerikanerin ist, sie sagt «fine» und packt weiter Einkäufe in den Wagen oder bestellt einen Kaffee.

Aber ich bin eine Deutsche. Ich stelle mir jedes Mal *wirklich* die Frage, wie es mir geht. Und irgendwie kommt mir das Leben immer zu komplex vor, um einfach sagen zu können: «Alles super, danke.» Ich will es meinem Gegenüber nicht so einfach machen – und es wäre ja auch eine Lüge. Andererseits kann (und will) ich auch nicht ständig erklären, was bei uns zu Hause so abläuft! Und selbst wenn mal alles ganz gut läuft, muss man nur einmal in der Woche *Tagesschau* gucken, um sich für die nächsten sieben Tage wieder vollkommen zu deprimieren.

Doch wenn ich ehrlich bin, beziehe ich mein «aber» nach «eigentlich ganz gut» (was anscheinend mein maximaler Wohlfühlgrad ist) nicht auf die Nachrichten über Flüchtlinge aus Syrien. Ich habe ja meinen eigenen kleinen Flüchtling zu Hause, der sich, wenn ich vielleicht doch mal ganz kurz auf die Toilette gegangen sein sollte, ohne vorher das Haus zu verrammeln, umgehend auf einen kleinen Spaziergang begibt. Zum Glück ist meine Tochter Olivia mittlerweile so groß, dass ich ihr kurz zurufen kann, dass ich nur eben Willi einfangen gehe. Ich muss sie nicht mehr bei der Verfolgungsjagd auf dem Arm mitschleppen. Und auch Willi ist nun so weit, dass er meist nach einem kleinen gemeinsamen Spaziergang auf Socken durch die Siedlung, mit kurzem Zwischenstopp an der Korbschaukel, wieder mit mir zurück nach Hause kommt.

Aber meine Ansprüche wachsen anscheinend mit den Kindern mit.

Zu sagen, dass es mir schlecht gehe, wäre aber auch vollkommener Quatsch. Einige Menschen denken ja anscheinend, dass es einem mit einem behinderten Kind die ganze Zeit elend geht. Als wir letzten Sommer auf Kur waren, gab es da einen kleinen Jungen, der mich durchgehend mit Fragen zu Willi bombardierte: «Warum macht er so komische Geräusche?» – «Warum sitzt er unterm Tisch?» – «Warum tut er Weintrauben in seine Milch?» ... Allesamt sehr berechtigte Fragen, auf die ich auch ganz gerne Antworten hätte. Seine Mutter versuchte immer, ihn sofort wegzuzerren, und sagte in allen erdenklichen Varianten sinngemäß: «Die Frau hat doch schon genug zu leiden.» Komisch, ich kam mir eigentlich gerade ganz glücklich vor, ich hätte auf der Kur sogar glatt auf die Wie-geht's-Frage mit «gut» antworten können, wenn ich nicht schon wieder so kompliziert gedacht hätte, dass es doch irgendwie traurig ist, wenn man überhaupt eine Kur nötig hat.

Na ja, ich habe hoffentlich noch ein paar Jahre Zeit, von Meister Willi zu lernen, nicht immer um die Ecke zu denken. Und bis dahin antworte ich mit etwas, was nach einer Floskel klingt, aber in dem ganz viel Wahrheit steckt, nämlich mit: «*Es muss ja.*»

Unser Leben ist nun mal einfach so, wie es ist.

Unsere wunderbare Großtante Lotti ist mein Vorbild. Sie hat in ihrer Kindheit auf der Flucht aus Ostpreußen *alles* verloren. Bei Familienfesten sitzt sie mit Tränen in den Augen auf unserer Terrasse, schaut auf die vielen Kinder, drückt mich an sich und sagt, dass sich ihr Lebenstraum erfüllt habe, nämlich eines Tages wieder eine große Familie um sich zu haben – sie ist entspannter und glücklicher als meine ganze Generation zusammen. Fragen, ob nun zwei Kartoffelsalate auf dem Büfett stehen oder das falsche Bier gekauft wurde, interessieren sie nicht.

Wenn Tante Lotti von der Vertreibung erzählt, muss ich an diejenigen Menschen denken, die damals und auch heute in dem unvorstellbaren Leid des Krieges und der Flucht behinderte oder kranke Angehörige haben. Die Vorstellung, einen Willi in so schweren Zeiten zu haben, ist so furchtbar! Dann weiß ich: Mir geht es doch gut, sehr gut sogar.

SPRACHE SCHAFFT WIRKLICHKEIT
(NICHT AB)

Kinder lernen im Kindergarten wahrlich viel voneinander – und nicht nur Schimpfwörter und Karate-Kicks! Olivia brachte schon in den ersten Wochen das «Um-die-Wette-Prinzip» mit nach Hause. Als ich sie auf die Toilette begleitete, rief sie plötzlich an der Tür im Ätschibätsch-Tonfall: «Ich habe gewonnen, du bist Sieger!» Als ich nicht weiter reagierte, weil ich solche Wettbewerbe generell – und besonders solche, an denen ich nicht mal wissentlich teilgenommen habe – nicht mag, wiederholte sie mehrmals jubilierend: «Ich hab gewonnen, du bist Sieger!» Nun war ich aber doch neugierig geworden, denn tatsächlich konnte ich ihr nicht folgen. Also fragte ich nach, wer denn nun von uns der Gewinner sei. Da erklärte meine Tochter mir genervt, dass sie doch eindeutig Erste gewesen sei und ich folglich nur der zweite Sieger, also der Verlierer!

Was für ein wunderbares Beispiel dafür, wie ambitionierte Pädagogen versucht haben, durch die Verklausulierung des Wortes «Verlierer» eine Wirklichkeit zu schaffen, in der alle Kinder «Gewinner» sind. Doch damit kann man in unserer Leistungsgesellschaft keinen Dreijährigen austricksen. Einer gewinnt – einer verliert: fertig!

Auch beim Thema «Behinderung» versucht man ja mit Vorliebe, durch neue Wortverschwurbelungen eine Realität zu kaschieren, die sich aber nicht kaschieren lässt – und meiner Meinung nach auch nicht kaschiert werden muss.

Jüngst hörte ich für «geistig behindert» die Unwortkreation «praktisch bildbar». Grausam! Warum um etwas herumreden, was Fakt ist? Mein Sohn ist geistig behindert. Das muss aus meiner Sicht auch nicht beschönigt werden, weil daran gar nichts Schlimmes ist.

Klar, Willi wird viele Dinge niemals lernen können, und unser Alltag ist anstrengend. Aber Behinderung ist unsere Realität, und ich erwarte von unserer Gesellschaft, das so anzunehmen, wie ich mein Kind annehme. Ich bin weder bereit, uns als Opfer eines diskriminierenden und uns behindernden Umfeldes zu sehen noch unser Leben heldenhaft zu beschönigen.

Die Bezeichnung «geistig behindert» wird vielerorts diskutiert. Ich finde es sehr traurig, dass selbst zahlreiche betroffene Menschen es nicht mehr hören mögen. Aber ich bin nicht bereit, diese Bezeichnung jenen zu überlassen, die denken, ein Mensch mit Behinderung sei weniger wert. Ich möchte sie zurückerobern, so wie es die Schwulenbewegung mit dem Wort «schwul» geschafft hat. Mein Kind ist behindert – *na und?* Ich bin stolz auf meine Kinder, so wie sie sind!

Und wenn man wirklich meint, mit Sprache die Welt verändern zu können, dann sollten wir das Wort «behindert» vielleicht lieber mal aus anderen, extrem negativen Zusammenhängen herausstreichen: Solange es in den Nachrichten heißt, dass es durch Bahn- oder Fluglotsenstreiks zu «Behinderungen» kommen wird, kann das Wort niemals unbelastet sein! Vielleicht sollte man es mal versuchen mit der Aussage: «Bahnkunden sind ab morgen mal wieder die zweiten Gewinner.»

Aber auf jeden Fall muss «behindert» als Schimpfwort

überall ein absolutes No-Go sein! Seit ich einmal auf dem Schulhof gehört habe, wie ein Proll den anderen mit «Ey, du I-Kind!» angepöbelt hat, stelle ich mir manchmal vor, wie sich wohl in den nächsten Jahren die Pubertierenden unterhalten werden, wenn wir immer nur die Wörter austauschen, es aber nicht schaffen, die Einstellung der Menschen zu verändern. Heißt es dann: «Digger, die Party gestern war ja so anders begabt» oder «Alder, wie beeinträchtigt ist die Jacke denn!»? Ich freue mich schon auf den Ausruf: «Hast du Förderbedarf, oder was?» Leider mache ich es mir wohl zu einfach, wenn ich meine, dass nur irgendwelche Idioten «behindert» und «schwul» als Synonym für das selbst schon fragwürdige Adjektiv «scheiße» benutzen.

Manche mögen meinen, dass man mit einem behinderten Kind gesellschaftlich ein Verlierer ist. Aber wir sind nicht die «zweiten Sieger»!

Ich bin wahrhaft glücklich, dass ich nicht Teil der Elternschaft sein muss, die beim Dosenwerfen vollkommen verspannt neben ihren ehrgeizigen Kindern steht und darauf starrt, ob Linus-Marten die Linie übertreten hat und deswegen eigentlich Hannah-Sophie die Gewinnerin sein müsste ... Mein behinderter Sohn Willi, der den Sinn und Zweck von Wettkämpfen (und von überflüssigen Wortschöpfungen) überhaupt nicht begreift, ist bei jedem Wettlauf einfach immer der, der am meisten Spaß hat!

DIE FAMILIE VON DER ANDEREN SEITE DES ZAUNS

Als ich Kind war, fuhr ich regelmäßig mit dem Fahrrad an einer Wohnanlage für behinderte Menschen vorbei. Ich schaute dort immer in den eingezäunten Garten. Ich fand es faszinierend, im Vorbeifahren diese sonderbaren Menschen zu betrachten.

Am Stadtrand Hamburgs gibt es seit knapp zwei Jahren eine Einrichtung zum Kurzzeitwohnen für schwerbehinderte Kinder: den *Neuen Kupferhof*. Es gibt mehrere Orte, an denen Willi allein Ferien machen könnte, sodass mein Mann und ich auch mal Erholung und Zeit nur mit Olivia haben, aber keiner ist wie dieser. Das Besondere ist, dass hier auch die Eltern und Geschwister mitwohnen dürfen. Man kann sein Kind vierundzwanzig Stunden am Tag betreuen lassen. Muss es aber nicht. Wann immer es die Eltern wünschen, verbringen sie Zeit mit ihrem behinderten Kind, essen gemeinsam oder bringen es zu Bett – ohne sich dazu verpflichtet zu fühlen oder ein schlechtes Gewissen haben zu müssen. Niemand erzählt einem, dass es besser für das Kind sei, wenn die Mutter lieber gar nicht auftaucht, oder verdreht die Augen, wenn man sein Kind in dem Moment, wo die Windel voll ist, wieder an die Pfleger übergibt.

Es handelt sich um eine wunderschöne Villa, die aufwendig renoviert wurde und (in meinen Augen) geradezu luxuriös eingerichtet ist. Es wirkt an keiner Stelle wie ein

Heim, eher wie ein familiäres Hotel der Oberklasse. Im ganzen Haus ist Parkett verlegt, und es muss ein Lichtdesigner am Werk gewesen sein. Der Speisesaal wirkt wie ein gemütliches Café. Umgeben ist der Prachtbau von einem traumhaften (und natürlich gut eingezäunten) Garten, ausgestattet mit Gokarts, Schaukeln (auch für Rollstühle!), Fußballtoren und schicken Gartenmöbeln.

Zusätzlich zum Personal wird der *Kupferhof* von vielen Freiwilligen unterstützt. Sie bieten Unternehmungen mit den Geschwisterkindern an, Mal- oder Häkelkurse mit den Müttern oder Musizieren für die Kinder. Sie bringen Therapiehunde mit, helfen im Garten, in der Küche und überall. Ein Großteil der Inneneinrichtung besteht aus Sachspenden: In allen Zimmern gibt es deswegen Flachbildschirme und stylische CD-Spieler, der Fernseher im Elternzimmer hat die gefühlte Größe eines Handballtores – mit einer gigantischen DVD- und BlueRay-Kollektion dazu. Im Keller stehen eine Tischtennisplatte, ein Kicker und ein Billardtisch.

Ich musste viel nachdenken über diesen Luxus. Wenn ein Haus mit Spenden eingerichtet wird, erwarte ich ein Sammelsurium aus ausrangierten Dingen – und das hätte ich durchaus in Ordnung gefunden. Ich bekam auch regelrecht ein schlechtes Gewissen, dass Ehrenamtliche für uns ihre Freizeit opfern. In mir hockte fest der Gedanke, dass wir das alles gar nicht wirklich nötig hätten.

Bei unserem ersten Aufenthalt im *Kupferhof* letzten Herbst ging ich in einer dieser herrlichen Pausen, die ich von zu Hause gar nicht kenne, in den Speisesaal. Ich schaute mir das Teesortiment an und wählte ein pyramidenförmiges seidiges Beutelchen mit duftenden Teeblättern darin. Hätte man mich vorher gefragt, ob ich so einen edlen Tee brauche, ich hätte mit Nein geantwortet. Doch plötzlich musste ich vor Freude weinen. Mir liefen die Tränen, weil dieser Ort mir sagte: *Doch, du bist das wert! Diesen kleinen Luxus, du hast ihn verdient.* Und gleichzeitig übermannte mich das Bewusstsein: *Ja, du hast es nötig, hier zu sein!*

Ich setzte mich mit meinem Tee auf die Terrasse. Es war ein schöner Tag. Hinter dem Zaun gingen viele Menschen spazieren, und sie schauten in den Garten zu meinem Sohn Willi und den anderen Kindern. Mir wurde klar, dass nun wir die Familie auf der anderen Seite des Zaunes sind – und das schmerzte mich nicht. Danke für diesen Ort!

INKLUSION VOR DER HAUSTÜR

In der Siedlung, in die wir nach der Geburt unseres zweiten Kindes gezogen sind, gibt es mehrere Wohngruppen schwerbehinderter Menschen. Einige der Bewohner sind sehr kontaktfreudig. Am Anfang hatte ich ernsthafte Hemmungen, mich auf Gespräche oder gar auf Berührungen mit den neuen Nachbarn einzulassen – auch deshalb, weil ich einige Bewohner nur schwer verstehen kann und es mir unhöflich vorkam, immer wieder nachzufragen. Und wenn ich ganz ehrlich bin, hatte ich auch Angst, mich als potenzielles Gesprächsopfer zu outen, weil ich befürchtete, den einen oder anderen bald ständig an der Backe zu haben.

Dann stellte ich mir vor, dass Willi, damals erst zwei Jahre alt, auch einmal erwachsen sein würde und vielleicht auch irgendwann mal seinen Nachbarn die Hände schütteln möchte und ein paar (wenn auch unverständliche) Worte an sie richten möchte.

Sobald von Inklusion die Rede ist, bekommt man den Eindruck, dass es dabei immer nur um gemeinsamen Schulunterricht behinderter und nicht behinderter Kinder gehe. Aber natürlich fängt Inklusion immer genau vor unserer eigenen Haustür an. Und wenn selbst die Mutter eines behinderten Kindes anderen behinderten Menschen auf der Straße aus dem Weg geht, nur weil es ihr zu peinlich ist, die gehörlose Nachbarin nicht zu verstehen oder einen angeleckten Lolli dankend ablehnen zu müssen, dann kann Inklusion ja niemals funktionieren!

Ich überwand also meine Scheu und blickte nicht mehr zufällig in die andere Richtung, wenn einer der redseligen Nachbarn aus der Wohngruppe vor mir im Supermarkt in der Schlange stand – die übrigens durch diese Menschen immer angenehm entschleunigt und erheitert wird.

Es hat sich gelohnt. Heute brüllt Hermann mir schon aus dreißig Metern Entfernung sein militärisches «Gutentag» entgegen. Natürlich nimmt er auch jedes Mal Haltung an. Ich weiß ein Pläuschchen mit ihm jetzt sehr zu schätzen. Es ist deutlich amüsanter als normaler Smalltalk! Gerade gestern bei Aldi habe ich (und alle anderen Kunden) erfahren, dass Hermann in das Haus 3 umzieht, weil da gerade einer gestorben sei. «Der wurde eingeschläfert!», brüllt er mir im Flüsterton ins Ohr. Ich kann Hermann leider nicht davon überzeugen, dass sein Kollege sicher nicht eingeschläfert wurde. Als Nächstes informiert er mich darüber, dass die Frau vor ihm in der Schlange einen Riesen-Arsch hat und dass Fritzchen aus Haus 1 im Krankenhaus ist.

Ich hatte mir schon Sorgen gemacht. Seit Wochen ist Fritzchen nicht mehr mit seinem Rollator an unserem Gartenzaun vorbeigeschlurft. Dort hält er am Tor immer eine Weile an, um einem von uns die Hand zu schütteln und seine Lieblingsstereotypen loszuwerden: *Schönes-Wetterheute. BisschenBewegung, istgutfürdieHüfte. Ich muss-dannmalwieder.*

Vielleicht kommt es dem einen oder anderen eigenartig vor, dass ich einen älteren Herrn mit einem Spitznamen anspreche, aber ich kenne seinen Nachnamen einfach nicht. Fritzchen sagt zu jedem «du», stellt sich mit Fritzchen vor und reicht einem seine Hand. Am Anfang hielt ich es für politisch korrekt, ihn trotzdem zu siezen, aber auf die Dauer kam es mir doch albern vor. Lange dachte ich, dass man von Fritzchen nichts anderes hören könne als immer nur dieselben Phrasen übers schöne Wetter. Aber seit er Vertrauen zu uns gefasst hat, habe ich Stück für Stück erfahren, dass er über siebzig ist und sein Vater sehr streng war. Sie besaßen einen Bauernhof. Fritzchen sagt, er musste immer hart arbeiten. Er hat bis zum Tod seiner Mutter bei ihr gewohnt. Sie ist mit sechsundachtzig Jahren gestorben. Er vermisst Mami jeden Tag.

Und ich vermisse Fritzchen. Ich weiß, dass nicht jeder ihm die Hand reichen mag und viel über ihn geredet wird. Aber was macht es schon, dass er manchmal auf den Waldweg hinter den Häusern pinkelt und dann vergisst, die Hose zu schließen? Statt sich darüber aufzuregen, könnte man ja auch einfach zu ihm gehen und ihn darauf aufmerksam machen. Zugegeben, ich habe das auch noch nicht getan, weil ich weiß, dass er keine Reißverschlüsse zumachen kann, und ihm den Hosenstall zu schließen habe ich nun auch keine Lust.

Ich hatte mich übrigens getäuscht, als ich dachte, ich müsste mich dann ständig mit den Bewohnern der Behindertenwohngruppen unterhalten. Ich kann zu Hermann wie zu jedem anderen Menschen sagen «Ich hab keine Zeit grad, schönen Tag noch» und weitereilen. Fritzchen braucht zwar seinen Handschlag und sein *Schöneswetterheute-bisschenBewegungistgutfürdieHüfte-ichmussdannmalwieder*, selbst im strömenden Regen, aber so viel Zeit muss sein!

Manchmal denke ich, der Hauptnutzen schulischer Inklusion liegt nicht unbedingt darin, dass Kinder dabei mehr oder weniger Schulstoff lernen, sondern dass eine neue Generation von Menschen mit weniger Berührungsängsten heranwächst. Und irgendwann gibt es dann bei Aldi eine extra Kasse, die «Slow-Lane», an der eine Kassiererin mit Down-Syndrom alles so gemächlich einscannt, dass ich meinen Einkauf nebenbei ganz in Ruhe in meine Tasche packen kann.

Das fände ich toll – aber wohl auch nur, solange sie nichts über meinen Hintern sagt ...

KINDER AN DER MACHT?
NEIN DANKE!

Es gab eine Zeit, in der Willi eine sehr schlechte Prognose hatte. Er hatte am Ende seines ersten Lebensjahres eine schwere Epilepsie bekommen, und wir fanden kein Medikament, um die Anfälle einzustellen. Es hieß, er werde sich wahrscheinlich nicht mehr weiterentwickeln. Was das bedeutete, wurde mir erst klar, als uns der Kinderarzt einen Therapiestuhl empfahl, bei dem es zu allen Seiten Stützen gab, auch für das Köpfchen des Kindes, den Willi vielleicht nie selber würde halten können.

Neulich habe ich den Zettel gefunden, auf den ich in meiner Verzweiflung drei große Wünsche für das Leben meines Sohnes geschrieben hatte: Ganz oben stand, dass mein Willi wieder lachen sollte. Als Zweites, dass er eines Tages das Laufen lernen sollte (wenn ich allerdings gewusst hätte, wie anstrengend das sein würde, hätte ich es vielleicht verschoben auf nach die «Alles-muss-überall-heruntergezogen-und-jeder-Schrank-muss-ausgeräumt-werden-Phase»). Der dritte Wunsch für meinen Sohn war, dass er lernen sollte, uns zu zeigen, was er möchte und was er nicht möchte. Er sollte irgendwie seine Bedürfnisse ausdrücken können.

Wie durch ein Wunder gingen alle meine Wünsche in Erfüllung. Willi macht uns jeden Tag Freude mit seinem unverstellten Lachen, er läuft munter umher – und sogar mittlerweile oft in die Richtung, in die ich will –, und er kann mir ganz klar zeigen, dass er *keine* Lust hat, auf die Toilette zu gehen, sondern dafür viel lieber im Auto (mit Blasmusik) zu Oma und Opa fahren möchte, um dort Geburtstag zu feiern. Wenn wir erklären, dass gar keiner Geburtstag hat, hält Willi das sicher für ziemlich kleinlich: Kuchen und Singen geht doch immer!

Auch meine Tochter wollte ich natürlich zu einem Menschen erziehen, der seine Bedürfnisse gut wahrnehmen, ausdrücken und durchsetzen kann – auch um sich neben ihrem behinderten Bruder behaupten zu können. Wenn mir meine Erziehungsvorhaben bis jetzt sicher nicht alle gelungen sind: das habe ich ganz gut hinbekommen! Ich hatte es mir allerdings nicht so vorgestellt, dass dabei eine diktatorische Prinzessin herauskommen würde, die ihre Allmachtfantasien an ihren Eltern auslebt – aber so ist es gekommen.

Wir sind übrigens nicht die Einzigen, die es geschafft haben – positiv ausgedrückt –, ihre Tochter zu einer sehr starken Persönlichkeit zu erziehen. Ich finde es grundsätzlich toll, dass die Kinder von heute einfach Bescheid sagen, wenn sie etwas essen oder trinken möchten. In meiner Erinnerung waren mein großer Bruder und ich früher sehr schüchtern – wenigstens bei anderen Leuten. Wenn wir Durst hatten, dann flüsterten wir das unseren Freunden verschämt ins Ohr, und die gingen dann zu ihrer Mutter, um zu fragen, ob wir etwas trinken durften. Ich hatte eine Freundin, die war Einzelkind, und ihre Mutter stellte uns oft einen Teller mit Apfel- und Gurkenstückchen hin. Ich fand die Mutter *soo* toll!

Olivia hat Freundinnen, die sich schon mit vier Jahren vor mir aufgebaut haben und mich in vorwurfsvollem Tonfall anschnauzten: «Ich hab Hunger!» Weil ich auch eine tolle Mutter sein wollte, hatte ich manchmal im Garten auf einer Decke schon eine Art Catering mit verschiedenen Sorten Saft und geschnittenem Obst für die Mädchen aufgebaut.

Sätze wie «Ich will so was nicht, ich will Süßigkeiten!» haben mich allerdings davon kuriert, eine tolle Mutter sein zu wollen. So etwas hätte sich in meiner Kindheit *niemand* getraut – na ja, außer vielleicht Kinder wie Willi, denen gesellschaftliche Konventionen fremd sind. Aber mein Sohn lächelt wenigstens, wenn er bei fremden Leuten im Café in die Sahnetorte grabscht.

Wir trauten uns früher kaum, bei den Freunden zu klingeln, immer feilschten mein Bruder und ich, wer vortreten und den Knopf drücken musste – meistens musste ich es tun, weil er noch mehr Angst hatte als ich. Bei uns klingeln die fremden Kinder heute einfach Sturm und marschieren dann mit ihren Dreckschuhen grußlos an mir vorbei ins Haus. Bestenfalls teilen sie mir noch mit, was sie essen wollen und was ich mit ihnen an dem Tag basteln soll – sie sind so selbstbewusst, dass sie mir richtig Angst machen!

Wir wollten unsere Kinder zu gefestigten Persönlichkeiten erziehen, und herausgekommen sind Terrorzicken, die uns wie Leibeigene herumkommandieren. Ich bete, dass Olivia sich bei ihren Freundinnen nicht so verhält. Das eigene Kind erscheint einem ja oft sympathischer als manches fremde, aber letztendlich übt sie wohl nur einen subtileren Regierungsstil aus. Dass sie vom zweiten bis zum fünften Lebensjahr eigentlich durchgängig eine ihrer vielen Kronen auf dem Kopf trug, sagt alles.

Vollkommen unerträglich wird es, wenn die kleinen Alleinherrscherinnen untereinander im Krieg liegen. Seit dem Schulalter reguliert sich das zum Glück langsam, die Mädchen haben vielleicht selber festgestellt, dass man nichts spielen kann, wenn man durchgängig damit beschäftigt ist, sich zu streiten, wer beim Spiel die Schönste ist und wer die größeren magischen Kräfte besitzt. Olivia hat außerdem festgestellt, dass Jungs doch ganz praktisch sind zum Spielen: Die sind dann die Ritter, und sie kann alle Hirngespinste in Sachen Liebreiz und Zauberkräfte für sich allein beanspruchen.

Es ist wirklich ein großes Glück, wenn sich Kinder immer weiterentwickeln!

Willi darf die monarchische Phase gerne auslassen, obwohl er sicher sehr lustig aussehen würde mit Olivias Kronen, Schleiern und Feen-Zauberstäben ... De facto regiert er aber hier ohnehin, ganz ohne Worte. Und wenn unser großer Diktator mit dem dreifachen Chromosom unsere Musik im Auto nicht hören will, dann schreit er einfach so lange, bis wir aufgeben müssen und am Ende wieder das Duvenstedter Blasorchester läuft ... Was da musikalisch wohl die nächste Entwicklungsstufe ist? Es kann nur besser werden!

WER WILL WIRKLICH WILDE RACKER?

Seit meiner Kindheit hat sich im Verhältnis von (manchen) Erwachsenen und Kindern irgendetwas ganz grundlegend verändert. Das erste Mal wurde mir das klar, als meine Nichte etwa drei Jahre alt war. Sie war der erste – und lang ersehnte – Nachwuchs in unserer Familie. Wir besuchten einen Weihnachtsmarkt und standen mit fünf Erwachsenen um die Kleine herum und wollten unbedingt, dass sie Karussell fährt. Sie zuckte mit den Schultern, machte uns zuliebe und mit neutralem Gesichtsausdruck eine Fahrt mit. Wir Erwachsenen waren begeistert! Danach hatte sie zu unserer großen Enttäuschung und trotz massiven Drängens keine Lust mehr.

Als ich versuchte, die übrigen neun Fahrkartenchips an eine andere Familie zu verschenken, fiel mir auf, dass überall um uns herum Eltern und Großeltern auf zum Teil weinende Kleinkinder einredeten, die unbedingt Karussell fahren sollten. Saßen die Blagen dann endlich drin, sahen die meisten Eltern glücklicher aus als die Kinder. Einer versuchte irre lachend und winkend das Kind aufzuheitern, während die restlichen Erwachsenen panisch damit beschäftigt waren, Fotos zu machen.

In meiner Kindheit war das alles genau umgekehrt. Nur ein einziges Mal hat mich mein Vater aufgefordert, Karussell zu fahren – das war in einem Freizeitpark, für den wir pauschal Eintritt bezahlt hatten. Heute sitzen auf

Spielplätzen in Hamburgs Szenevierteln gerne mal doppelt so viele Erwachsene wie Kinder, wo diese kaum in Ruhe spielen und zanken können, weil sich ständig eine Mutter oder Oma einmischt. Die Kindergärten tragen nicht mehr die Namen des Trägers oder Stadtteils, sondern heißen *Die kleinen Racker* oder *Wilde Strolche*. Dabei habe ich das Gefühl, die Eltern sehnen sich danach, dass ihre Kinder nicht so jammerige Waschlappen und Zicken sind, zu denen wir sie selbst gemacht haben. Wir wünschen uns mutige und abenteuerlustige Kinder – aber natürlich nur im vorgegebenen Raum und Zeitfenster und von Mama schick ausgestattet mit dem neuesten modischen Rabauken-Outfit mit einem keck schräg aufgesetzten Mützchen!

Auch ich musste feststellen, dass ich nicht Zorn, sondern vielmehr Stolz empfand, als meine Tochter die ersten Male von Kopf bis Fuß mit Schlamm bedeckt nach Hause kam. Mittlerweile könnte ich aber schon auf den einen oder anderen auf dem Bauch heruntergerutschten Matschberg verzichten, böse werde ich trotzdem nicht. Ich bin sicher, dass Olivia das eines Tages in einer Psychotherapie aufarbeiten muss.

Interessant ist aber: Sobald ein Kind wirklich mal aus der Reihe tanzt und ein echter Racker ist, rümpfen alle die Nase, die Eltern sind schuld, und das Kind bekommt sofort eine Diagnose verpasst! Doch zu Hause lesen wir alle *Michel aus Lönneberga* und *Das Sams* vor (die wahrscheinlich beide auf ADHS positiv getestet werden würden).

Ich kann dann wohl froh sein, dass meinem Sohn seine Diagnose gleich deutlich ins Gesicht geschrieben steht. Ich muss mich selten für Willis Verhalten rechtfertigen (für seine Existenz dagegen schon öfter), aber wenn er einen Schreianfall hat, weil ihm die Pommes zu heiß sind, mutmaßen die andere wenigstens nicht gleich, dass wir als Eltern versagt haben. Willi hat bei vielen Leuten einen Freifahrtschein für unangepasstes Verhalten – das ist aber bei dem Versuch, ihn zu erziehen, auch nicht immer hilfreich. Aber wofür er bei ehrgeizigen Eltern keinen Freifahrtschein hat: wenn er – der Behinderte! – mal etwas vermeintlich «besser» kann als ihre Kinder. Wenn er zum Beispiel konzentriert lauschend in einem Klassikkonzert sitzt, während die musikalisch optimal Geigenunterricht-geförderten Gören mit Sakko und zugeknöpften Krägen gelangweilt mit den Füßen gegen den Vordersitz treten und mehr auf Willi starren als auf die Bühne – dann werden die Mütter unruhig.

Manchmal blitzt sogar etwas Neid in den Augen eines hypercoolen Vaters auf, dessen Sohn laut plärrt, weil er sich die Finger am Zaun des Streichelzoos schmutzig gemacht hat, während Willi sich auf der anderen Seite jauchzend auf die Ziegen stürzt. Und Neid ist etwas, was ich – im vergleichenden Blick anderer Eltern auf mein behindertes Kind – ganz selten zu sehen bekomme.

ROLLENVORBILDER: ROSA ODER RIESENSCHLANGE?

Alle sind sich einig: In Kitas und Grundschulen fehlen Männer! Diese Meinung hatte auch ich immer vertreten, besonders seit meine Tochter im Kindergarten eine aufgestylte Erzieherin vergötterte, die maximal fünfzig Kilo wog und mit den Mädchen in der Kita die Nägel lackierte. Sie betonte gerne, wie gut Olivia lange Haare und die Farbe Rosa stünden – und sie wollte ihr mit dem Argument das Nuckeln abgewöhnen, dass sie später mit schiefen Zähnen keinen Mann bekäme.

Auf jeden Fall dachte ich, dass ich mir mehr männliche Erzieher wünschen würde – bis zu dem Tag, als in Olivias Kindergarten Kevin auftauchte. Er war in der Ausbildung und in den Augen der Kinder ein Superheld. In meinen Augen war er schlicht ein Angeber.

Das Gute an Kevin war, dass Olivia uns regelmäßig von seinen Heldentaten berichtete und wir deswegen sehr viel zum Lachen hatten. Das erste Mal fiel sein Name, als meine Tochter uns belehrte, wie man vor Wildschweinen flüchtet: Man muss nämlich plötzlich zur Seite springen, die Wildschweine laufen dann weiter geradeaus. Auf meine Frage, wer ihr denn diesen tollen Trick erzählt habe, erfuhr ich, es sei Kevin gewesen, der neue Mann im Kindergarten, der nämlich selber schon mal vor einer Horde Wildschweinen geflohen sei. Ich wunderte mich eine Weile, wie denn ein erwachsener Mann Kevin heißen konnte – bis mir einfiel, dass natürlich die vielen kleinen Kevins der Neunzigerjahre jetzt alle schon über zwanzig sein mussten. Aber so richtig erwachsen kam er mir dann doch nicht vor und wie ein Mann schon gar nicht. Aber das hat wirklich nichts zu sagen, denn ich bin ja auch jedes Mal wieder irritiert, wenn ich auf Olivias Panini-Bildern sehe, dass fast alle Spieler der deutschen Fußball-Nationalmannschaft noch nicht mal geboren waren, als ich meinen Schulabschluss gemacht habe.

Bald erfuhren wir von Olivia – in gewichtigem Tonfall –, dass Kevin schon einmal auf einem Vulkan gewesen sei. Ich versuchte sie daran zu erinnern, dass sie selbst auch schon mal auf einem Vulkan gewesen sei, und zückte ein paar Urlaubsfotos aus Lanzarote, auf denen ihr Papa über einer heißen Schlucht für uns Würstchen grillte – was ich unglaublich cool fand. Aber Olivia beeindruckte das nicht weiter, denn Kevins Vulkan war einer mit sprühender Lava gewesen! Außerdem war er bis zum Krater hochgeklettert, wo er sein Kaugummi hineingespuckt und gerufen hatte: «Kaugummi im Anmarsch!» Das Echo hatte dann die Worte «Kaugummi im Arsch-Arsch-Arsch» zurückgerufen. Na ja.

Natürlich war Kevin auch schon vielen gefährlichen Tieren begegnet. Skorpionen zum Beispiel oder Vogelspinnen. Der alte Poser zeichnete für die Kinder diese Tiere vor, die sie begeistert ausmalten. Kevin hatte auch schon gegen eine Schlange gekämpft. Klar. Solche Märchengeschichten waren natürlich sehr lustig für meinen Mann und mich, aber die Ausmalbilder fand ich doof, denn Olivia malt selbst viel schönere Riesenkraken.

Während der Kevin-Zeit war zufällig Bundestagswahl.

Ich nahm Olivia mit ins Wahllokal und versuchte ihr, so gut ich konnte, klarzumachen, worum es ging. Letztendlich begriff sie, dass wir den neuen Chef (oder natürlich die Chefin) für Deutschland wählten. Als sie auf dem Heimweg fragte, ob ich Kevin angekreuzt hätte, begriff ich nicht sofort, was sie meinte, bis sie mir erklärte: «Na, ich hätte auf jeden Fall Kevin als neuen Deutschland-Bestimmer gewählt.»

Genau deswegen bin ich nicht für Volksentscheide und war auch nicht wirklich enttäuscht, als Olivia in der Vorschule eine Lehrerin bekam, die sogar noch älter war als ich.

FREUNDEBÜCHER

Wenn ich aus meinem Fenster schaue, sehe ich
When I look outside my window, I see

In Olivias Vorschulklasse gab es, neben einer altmodischen Vorschullehrerin, eine ganze Menge Regeln und Verbote, die leider nur langsam zu mir vordrangen. Es hätte am Anfang beim Elternabend mal eine Liste verteilt werden sollen mit dem Titel: *Das ist alles nicht erwünscht* (somit also verboten). Na ja, vielleicht gab es sie ja sogar, diese Liste, und ich war nicht da oder hab den Zettel sofort in meinem Papierkram-Chaos-Berg vergraben, das ist auch gut möglich. Auf so einem Zettel könnte gestanden haben, dass das Weitergeben von Freundschaftsbüchern in der Klasse nicht erlaubt war. Ich halte das übrigens für mindestens so bescheuert wie die Dinger selbst! Darum bin ich über das Verbot auch ganz froh gewesen, aber leider hat sich daran – wie an das Süßigkeiten-Verbot – ohnehin keiner gehalten. Es bestand wohl auch nur, um immer mal ein Kind deswegen tadeln zu können.

Wenige Sachen finde ich so sinnentleert wie Freundebücher für Kinder, die nicht mal lesen und schreiben können. Olivia hockt gelangweilt neben mir, hat nach der dritten Frage keinen Bock mehr und nölt herum, dass sie spielen will. Lieblingsessen und Lieblingsfarbe – das geht ja noch, doch bei Lieblingssportler oder Lieblingswebsite (!) wird es spätestens anstrengend, weil man das ja auch alles erklären muss. In der Regel haben die Bücher außerdem ein Motto, und wenn man dann das Computerspiel oder die

Fernsehserie gar nicht kennt, aus der die blöden Bilder und Sprüche in dem Buch stammen, wird es noch hirnrissiger. Sobald ich etwas auslasse, ist das aber auch falsch, und das Kind quengelt: «Und was steht da? Was bedeutet das? Was hast du da geschrieben?» Ich könnte die Bücher natürlich einfach abends allein ausfüllen, um die Sache abzukürzen, doch weil wirklich immer nur die echten Kinderantworten lustig sind, mache ich das nie.

Olivia besitzt selber auch ein Freundebuch, aber ich habe natürlich ein künstlerisch wertvolles gekauft, in das die Kinder die Antworten selber malen sollen, was sie wahrscheinlich noch anstrengender finden und dabei noch mehr nörgeln. Aber egal, ein paar Jahre später freut man sich wohl über die Einträge – falls das Buch nicht bei jemandem liegen geblieben ist, dem es dann nach einem halben Jahr zu peinlich war, es noch zurückzugeben.

Über manches kann man sich übrigens jetzt schon freuen, wenn man in den Büchern blättert, zum Beispiel über einen Eintrag, bei dem man ein Bild malen sollte mit dem Titel: *Das sehe ich aus meinem Fenster.* Ein Kumpel von Olivia hat groß das Wort «ALDI» ins weiße Feld gemalt. Matthias und ich sind vor Lachen hintenübergefallen!

Willi bringt auch Freundebücher mit nach Hause. Das ist dann noch beknackter, denn ihn kann ich nicht mal fragen, was ich hinschreiben soll. Andererseits können viele seiner Schulfreunde gar nicht sprechen und mit dem Freundebuch dann immerhin zu Hause mal auf die Fotos zeigen. Zum Glück hat er nur sechs Schulkameraden, das Elend ist also überschaubar, und ich kann guten Gewissens für Willi bei *Das habe ich mir schon immer mal gewünscht* hinschreiben: *So viel fernsehen und fressen, wie ich will.* Aber

Lieblingsessen? Willi macht da, soweit ich weiß, kein Ranking. Er nimmt, was er bekommen kann. Er würde zuerst immer das Herzhafte essen und alles andere direkt hinterher und danach von allem mehr wollen.

In Willis Klasse werden sicher alle Fragen von den Eltern beantwortet (für lustige Antworten muss man da schon bei den Praktikanten suchen). Einen Eintrag fand ich sogar richtig traurig – unter *Mein größter Wunsch* hatten die Eltern geschrieben: *Ganz gesund sein.* Das hat mich schon sehr nachdenklich gemacht, denn soweit ich weiß, ist das Kind kerngesund, nur eben geistig behindert ... Für Willi wäre ich nie auf die Idee gekommen, dass er lieber nicht er selbst wäre. Als in einem Buch mit dem Motto «Ritter» einmal die Frage stand: *Wenn du in der Zeit reisen könntest, wohin würdest du dann reisen?,* habe ich das Ding erst mal zugeklappt und beschlossen, so blöde Fragen für Willi nicht zu beantworten. Ich bezweifle stark, dass er schon die Bedeutung der Wörter «gestern» oder «morgen» begriffen hat, und da soll ich mir etwas über eine Zeitreise aus den Fingern saugen? Das Tolle an Willi ist ja gerade, dass er immer im *Hier und Jetzt* lebt! Und dann habe ich das Buch wieder aufgeklappt und stolz für ihn geschrieben: «Wenn ich in der Zeit reisen könnte, würde ich trotzdem immer genau jetzt und hier sein wollen, wo ich gerade bin!»

Ich kam mir dabei sehr erleuchtet vor.

UNERWARTETE ERWARTUNG

Ich denke, viele Eltern merken erst mit Beginn der Schulzeit, dass sie Erwartungen an ihre Kinder hatten, derer sie sich vorher überhaupt nicht bewusst waren. Sie hatten nicht bemerkt, dass sie ihren Neugeborenen Bodys mit dem Schriftzug *Abi 2025* angezogen hatten und regelmäßig Bemerkungen wie «später auf dem Gymnasium» oder «wenn sie dann mal studiert» machten.

Mir fällt so etwas auf, wahrscheinlich, weil meine Erwartungen an mein erstes Kind – von denen ich ebenfalls nichts geahnt hatte – ja gleich am Tag seiner Geburt zu einem Klumpen Schmerz zusammenschmolzen, als wir von Willis Down-Syndrom erfuhren. Zum Glück verschwand diese furchtbare Traurigkeit bald, weil die Freude über dieses – wenn auch unerwartet andere – Kind und die Liebe zu ihm alles andere unbedeutend machten.

Aber ich dachte, dass ich mit dem Thema «Behinderungsakzeptanz» lange durch sei, als mich bei Willis Einschulung vor knapp drei Jahren diese Traurigkeit noch einmal voll erwischte. Bei den Meilensteinen des Lebens lauert er, der Vergleich mit anderen Kindern, der nie etwas Gutes bringt. Es sollte ein Festtag sein, mein Sohn kam zur Schule – doch ich saß in der Aula und konnte einfach nur weinen, so sehr wie seit Jahren nicht.

Jetzt, in der dritten Klasse, bin ich schon lange wieder im Reinen damit, dass mein Sohn selbst in seiner

Förderklasse, wenn auch nicht das «behindertste», so doch das wildeste und unberechenbarste Kind von allen ist. Ich genieße die Vorteile, die unsere Spezialschule bietet: Jedes Kind lernt tatsächlich nach seinen Möglichkeiten, wird individuell gefördert, es gibt keinen Leistungsdruck, Schulstress oder Rechtfertigungen anderen Eltern gegenüber – und dazu noch schön Turbo-Abi in zwölf Jahren an derselben Schule!

Dass ich mich vom Leistungsdruck verabschiedet habe, war übrigens ein längerer Prozess. Am Anfang von Willis Leben hatte ich mir sogar vorgenommen, die tollste Behindertenmutti der Welt zu sein und die Entwicklungsverzögerung durch ein knallhartes Therapieprogramm auszugleichen. Heute kommt es mir so vor, als hätte das Schicksal damals gleich dreimal eine große Glocke geläutet – in Form von Trisomie 21, Epilepsie und Luftröhrenschnitt –, um mir zu sagen: «He, du sollst dein Kind doch so lieben, wie es ist!»

Es ist vielleicht schwer nachzuvollziehen, dass Willi uns jetzt ganz perfekt erscheint, so unperfekt, wie er ist. Zugegeben, es wäre einiges einfacher, wenn er sprechen könnte (oder auf die Toilette gehen würde), aber man kann nicht alles haben – ich habe immerhin ein glückliches, gesundes Kind, das sich Stückchen für Stückchen weiterentwickelt.

Wenn man so ein Kind hat, bei dem praktisch gar nichts wie von selbst «funktioniert», kommt einem ein ganz normales Kind durchgängig wie das siebte Weltwunder vor! Genau genommen sind Kinder das ja alle, aber wir sind wirklich bis heute nie aus dem Staunen herausgekommen, was Olivia alles lernt, ganz von allein. Ohne Übung.

Einfach so. Im Kindergarten oder in der Vorschule habe ich ihre Entwicklung nie mit der anderer Kinder verglichen und fand sie immer das tollste Mädchen von allen.

Ich habe heimlich sogar alle Mütter verachtet, die mit ihren wunderbar stinknormalen Kindern ständig irgendwelche Förderung im Sinn hatten und sich beschwerten, dass die Kita – anders, als im Profil angegeben – kein «frühes Englisch-Lernen» anbot, und zu Hause unbedingt nur Lernspiele mit Buchstaben und Zahlen herumliegen hatten.

Ja, und dann ist Olivia im Sommer eingeschult worden, und – o Wunder – plötzlich kann sie nicht alles von allein und am allerbesten, so wie zu Hause, man muss üben und lernen, und die Leistungen werden ständig verglichen! Und da ist mir wieder einmal klar geworden, dass ich auch bei ihr nicht frei von Erwartungen bin: Sie ist doch ein helles Köpfchen – ich hatte gedacht, sie würde einfach so durch die Grundschule flutschen, ohne Probleme. Tut sie aber nicht. Ich hatte nicht Abi und Studium vorausgesetzt, aber doch, dass alles ganz «normal» laufen sollte. Nun darf ich wieder lernen, dass jedes Kind ein Recht auf sein persönliches Drama hat, und bei Olivia ist es nun die Unlust auf schulisches Lernen. Immerhin flutscht es bei dem Kind der Super-Förder-verkrampfen-Mutti auch nicht viel besser, da hilft mir das Vergleichen dann doch mal ...

MEHR LERNEN!

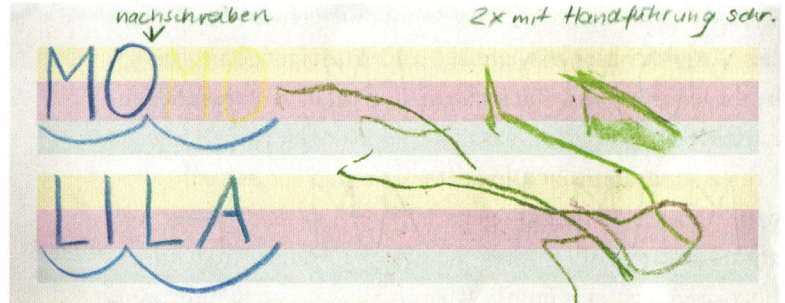

Wo immer die müßige Diskussion «Normale Schule versus Sonderschule» aufkommt, stellt sich die Frage, wo ein behindertes Kind wohl mehr lernt. Es gibt sogar Studien, die angeblich besagen, dass auf der Förderschule (oder der Regelschule) angeblich größerer Lernerfolg nachgewiesen wurde – je nachdem, ob gerade pro oder kontra Inklusion argumentiert wird.

Ich frage mich *immer*, wie man das eigentlich messen soll. Schon bei einem «normalen» Kind halte ich den Pisa-Kram weitestgehend für Blödsinn. Wie messen sie Sozialkompetenz, Empathie oder Kreativität? Manchmal denke ich, sie sollten das viele Geld, das in solche Studien geht, lieber direkt in die Bildung investieren, und alle Pisa-Experten könnten als Vertretungslehrer einspringen, davon hätten die Kinder vielleicht mehr.

Ich habe einen Bericht gesehen, in dem es hieß, man werde bei Pisa jetzt auch Alltagskompetenzen miterfassen, zum Beispiel das Kaufen eines Fahrscheins – das erschien mir lobenswert. Mich erstaunte allerdings, dass auch hier dieselben Länder die oberen Plätze belegten wie bei den anderen Tests. Man zeigte in dem Beitrag dann eine Gruppe japanischer Jugendlicher, die in der Testsituation einzeln vor Computern saßen, wo sie eine Software für Fahrkartenautomaten bedienen mussten. Komisch, ich hatte mir unter Alltagskompetenz etwas ganz anderes vorgestellt! Für mich bedeutet Alltagskompetenz nicht, ein Online-Ticket lösen zu können, sondern auch im *richtigen* Leben in der Lage zu sein, einen anderen Menschen beim Fahrkartenkauf um Hilfe zu bitten.

Willi hat in manchen Bereichen höhere Alltagskompetenzen als so manches gleichaltriges Kind ohne Behinderung. Er klammert sich nicht jammerig an mein Bein, wenn er irgendwo mitmachen möchte. Er läuft einfach hin, lächelt, streckt die Arme aus, und wenn sein Gegenüber nicht versteht, was er will, bekommt dieser kurzerhand den Ball in die Hand gedrückt oder wird zur Tischtennisplatte geschoben. Willi muss nicht sprechen können, um bei einer anderen Familie nach ein paar Salzstangen zu fragen, und sein Blick in die Augen kann ein strahlendes «Danke» sagen, ganz ohne Worte. So manches Normalo-Kind könnte da noch was von ihm lernen.

Wie messe ich bei einem Nicht-Regelmenschen wie Willi, was er in der Schule gelernt hat? Ist «selber Po abwischen» unter den bewerteten Fähigkeiten? Ein Kind, das in der dritten Klasse nicht sprechen, lesen oder auch nur einen einzelnen Buchstaben selbst schreiben kann: was will Pisa bei dem messen?

Wer jetzt argumentiert, Willi könne das alles nicht, gerade *weil* er ja «nur» eine Förderschule besuche, der kennt seinen Unterricht nicht. Die Schüler beschäftigen sich seit drei Jahren ausgiebig mit den Buchstaben. Sie schreiben Buchstaben (mit oder ohne Handführung), singen und gebärden Buchstabenlieder, und es ist ganz erstaunlich, dass Willi fast das ganze Alphabet erkennt! Andere Kinder, die auch nicht sprechen könne, haben in seiner Klasse schreiben gelernt.

Es ist nicht so, dass Willi diese Kompetenzen nicht hat, weil er eine Sonderschule besucht, sondern vielmehr besucht er genau *deswegen* eine Spezialschule, *weil* er in seinen Fähigkeiten so stark eingeschränkt ist. Ich wage sogar die Behauptung, dass er *mehr* auf der Förderschule lernt, als er auf einer Regelschule derzeit lernen könnte. Allerdings hat diese Frage meine Schulwahl nicht beeinflusst. Ich habe eine Schule gesucht, an der mein Kind willkommen ist und die so ausgestattet ist, dass es dort unterrichtet werden kann und nicht nur inklusiv verwahrt wird. Dass Willi sich in seiner Schule so wohlfühlt, ist für mich ein großes Glück!

Ich halte Inklusion für sehr wichtig, aber es gibt für sie aus meiner Sicht einen Maßstab: Sie darf mir nicht weniger bieten als die heilpädagogische Schule. Wenn es eine wohnortnahe, behindertengerecht ausgebaute Regelschule gegeben hätte, mit einer Klasse von zwölf Kindern, davon vielleicht die Hälfte mit und die andere ohne Förderbedarf, mit Rückzugsraum und einer durchgängigen Doppelbesetzung (mit einem Sonderpädagogen oder einer Sonderpädagogin) und der Hilfe von zwei Jahrespraktikanten und den benötigten Schulbegleitungen, dann könnte ich mir Willi durchaus auch auf dieser Schule vorstellen. So könnte schulische Inklusion funktionieren, und *alle* Kinder würden mehr lernen, auch soziale Fähigkeiten. Wer das bezahlen soll? Keine Ahnung, mir wäre es eine Menge wert!

Ich weiß noch genau, wie mein Ranzen ausgesehen hat, mit dem ich 1979 in die erste Klasse eingeschult wurde. Er war dunkelblau, sehr quadratisch, mit vielen Reflektoren beklebt und von einer bekannten Marke, die auch heute noch Schulranzen herstellt. Als ich ihn neulich auf dem Dachboden meiner Eltern entdeckte, war er allerdings stark eingeschrumpft, so wie der Grünstreifen vor unserem alten Mietshaus, der war früher auch eine richtig große Wiese.

Als Willi in seiner Förderschule eingeschult werden sollte, bekamen wir von dort die enttäuschende Nachricht, er brauche gar keinen Ranzen. Er müsse ja keine Bücher und Hefte transportieren. Ein kleiner Rucksack werde reichen. Allerdings kam das für uns nicht infrage. Schule und Ranzen gehören fest zusammen, und bei allem, was mein Mann und ich selbst als Kind hatten, sind wir aus nostalgischen Gründen ausnahmsweise großzügig. Egal, ob unser Sohn ihn brauchte oder nicht, er sollte einen blauen Scout-Ranzen haben – wie wir früher. So kauften wir für ihn (na ja, also für uns) drei Tage vor Schulbeginn bei Ebay-Kleinanzeigen einen günstigen, nagelneuen Scout-Ranzen, ein Mäppchen und einen Turnbeutel mit Fischen drauf – da Willi in der Zeit ein großer Auqarium-Fan war.

Von meiner Schwiegermutter bekam ich zwar unauffällig – mit dem Hinweis, dass es sich nicht um eine Einmischung handeln sollte – eine Broschüre zum Thema «Richtiger Ranzenkauf» überreicht, aber nachdem gleich im ersten Absatz stand, dass der Ranzen *unbedingt* vom Kind vor den Augen eines Fachverkäufers Probe getragen werden müsse, schmiss ich sie sofort in den Müll. Was für eine Horrorvorstellung: Willi in einem Schreibwarenladen, zwischen Regalen mit Unmengen von Kleinscheiß, wo er einen unbekannten Gegenstand auf den Rücken nehmen soll! Diese Tortur ersparten wir ihm, uns und dem vermeintlichen Fachverkäufer.

Mein Sohn schien durch seinen Schulranzen damals zwar wenig beeindruckt, aber es ist gut, dass wir ihn haben. Ein Ranzen steht fast überall als Symbol für Schule. Ein Symbol, das Willi jetzt verstehen gelernt hat. Wenn er in den Ferien findet, dass die Schule wieder losgehen könne, kramt er seinen Ranzen aus der Abseite und stellt mir seine Brotdose vor die Nase. Hat er morgens mal keine Lust, zur Schule zu gehen (was zum Glück selten ist), wirft er den Ranzen in hohem Bogen in den Flur und knallt die Tür zu. Tatsächlich nutzen wir den Ranzen gut aus, es sind zwar keine Bücher drin, aber er ist täglich vollgestopft mit Unmengen von Wechselklamotten, Windeln, einer gigantischen Brotdose und Willis Sprechcomputer.

Die komplett unverschämten Preise für Markenranzen waren mir übrigens damals nicht bewusst. Ich erfuhr davon erst, als mir eine Freundin von Olivia mit ernstem Gesicht ein dreiviertel Jahr vor ihrem ersten Schultag den exakten Preis ihres Tornisters nannte. Ich hörte die Mutter im Laufe des Jahres in der Kita exzessiv darüber jammern, wie teuer die Einschulung sei und wie schwierig es sei zu entscheiden, wie die *Feier* gestaltet werden sollte.

Mit den Müttern aus Willis Schule haben wir solche Themen nie. Ich las bald darauf in einer Tageszeitung einen Artikel zum Thema «Einschulungsfeier». Unter dem Motto *Früher war alles besser* wurde naserümpfend beschrieben, was auf die Eltern heutzutage für Kosten zukämen, zusätzlich zu Ranzen und Material. Sie nannten zum Beispiel 70 Euro für ein Einschulungskleid, 35 Euro für die Schultüte, 200 Euro für deren Inhalt (hä???) und noch pro Person 30 Euro für das Büfett in der «Party-Location». Ich hatte wirklich keine Ahnung, wovon sie dort redeten, und kenne auch niemanden, der *so* gefeiert hat, nicht mal die ewig gestresste Mutter von Olivias Freundin, die immer meint, überall mithalten zu müssen. Erst so ein Artikel gibt doch den Eltern das Gefühl, dass das alles notwendig sei! Wir haben nach Willis Einschulung bei uns zu Hause mit den Großeltern Kaffee getrunken, und am Nachmittag kamen noch Onkels und Cousinen vorbei. Das hat uns gar nichts gekostet, die Omas haben sogar den Kuchen gebacken.

Die Schultüten für die Erstklässler waren in der Werkstufe von Willis neuer Schule gebastelt worden, sodass jedes Kind dieselbe hatte, gefüllt mit dem Schulmaterial und Süßigkeiten. Und ein Kleid brauchte ich für meinen Sohn auch nicht zu kaufen – so einfach kann das Leben manchmal sein. Herrlich!

Die Anschaffung des Ranzens habe ich übrigens nie bereut. Willi nimmt ihn zwar keinesfalls selber auf den Rücken, sondern lässt ihn sich schön bequem von uns zum Bus und am Nachmittag wieder zurück ins Haus tragen, aber da verhält er sich immerhin mal genauso normal wie seine Schwester ...

GANZ HARTE SCHULE: RANZENKAUF

Als Olivias Einschulung anstand, las ich dann doch mal den Flyer mit Informationen für die Wahl des richtigen Schulranzens, mit dem mich meine Schwiegermutter erneut versorgt hatte. Schließlich nahm ich damals noch an, dass Olivia ihren Ranzen, anders als ihr behinderter Bruder, selbst zur Schule und zurück tragen würde.

Besonders erhellend war die Broschüre allerdings nicht: Der Ranzen müsse möglichst leicht sein – was mir bei einem Fliegengewicht wie unserer Tochter jedoch auch ohne fachkundige Beratung klar war. Und die Schultasche dürfe nicht breiter als die Schultern meines Kindes sein – aber so eine hätte es ohnehin nirgendwo gegeben, da hätte ich ihr schon eine Rolle für Architektenzeichnungen auf den Rücken schnallen müssen. Neu war mir nur der Ratschlag, eine Schulranzenmesse gemeinsam mit dem Kind zu besuchen. Man solle dort probieren, welches Modell gut sitzt – was wir einfach mit den Ranzen der Nachbarskinder taten.

Da ich eine echte Rabenmutter bin (oder einfach geizig), habe ich Olivia nicht auf ein Schulranzen-Konsumevent in einer «Ranzen-Location» gekarrt, wo sie sich dann unter hundert Modellen definitiv das teuerste und rosafarbenste von *allen* ausgesucht hätte. Stattdessen habe ich geschaut, was für Scout-Ranzen aus den Vorjahren bei ebay gehandelt wurden, und ihr nur die gezeigt, unter denen sie wählen konnte; die rosa Glitzerranzen mit Einhörnern und Prinzessinnen habe ich gleich weggelassen.

Es ist erstaunlich, wie viele Leute nagelneue Schulranzen verkaufen, weil sich die verwöhnten Gören kurzfristig geschmacklich neu orientiert haben. Einige haben mehrere Schulranzensets im Haus, weil Oma und Opa zu Weihnachten auch mal eben ungefragt eine Kollektion im Wert von mehr als 250 Euro geschenkt haben.

Ich denke, dass ich meine Tochter in viele Entscheidungen (vielleicht zu viele) mit einbeziehe. Aber manches biete ich einfach nicht zur Wahl an, etwa, ob man zum Geburtstag eines neuen Mitschülers geht, ob man Nutella aufs Schulbrot will, und auch nicht, ob man einen irrsinnig teuren Ranzen bekommt.

Viele Mütter behaupten ja, dass sie zu Hause die Rudelführerinnen sind, haben aber jederzeit die ausgeklügeltsten Rechtfertigungen dafür bereit, warum sich ihr Kind beim Kauf der überteuerten Markenturnschuhe durchsetzen konnte. Einige veranstalten einen Riesenaufriss wegen der orthopädisch wertvollen Ranzenwahl mit DIN-Norm, TÜV, Tragetechnik und zulässigem Höchstgewicht. Vielleicht bin ich einfach zu bequem. Ich habe mich auch nicht monatelang mit der Schulwahl meiner Tochter beschäftigt, sondern einfach die nächstgelegene Grundschule genommen, auf die auch alle Nachbarskinder gehen. Eine integrative Schule wäre mir zwar lieber gewesen, aber die Schulfreunde in der Nähe zu haben erschien mir wichtiger. Und Inklusion hat meine Tochter zu Hause schon genug.

Wir haben jetzt einen schönen, grasgrünen Ranzen, der Olivia *und* mir richtig gut gefällt. Trotzdem ist das Thema noch nicht durch. Ich habe von aufgeregten Müttern am Schultor erfahren, dass die Ranzen unserer Kinder zu schwer seien! Bei einem (ebenfalls in der Broschüre empfohlenen) Höchstgewicht von 10 Prozent des eigenen Körpergewichtes dürfte Olivias voller Ranzen maximal 1,8 Kilo wiegen. Die Frage ist jetzt: Soll ich Brot und Getränk zu Hause lassen oder lieber die Schulsachen? Oder etwa die Schleichtiere? Selbst ohne Spielzeug und mit nur halbvoller Wasserflasche sind wir bei etwa 25 Prozent des Körpergewichts.

Übrigens gibt es auch Wissenschaftler, die behaupten, kurzfristiges Tragen eines schweren Ranzens stärke die Rückenmuskulatur. Die Ursache für die neuerdings häufiger auftretenden Rückenschmerzen bei Kindern sehen sie eher in mangelnder Bewegung als im Tragen zu schwerer Ranzen. Kinder sitzen zu viel – vor der Glotze, überm Tablet und natürlich im Auto, wenn Mama sie in den übernächsten Stadtteil zur vermeintlich besseren Schule gurkt, wo sie ihnen dann die Schultasche bis in den Vorraum trägt.

Auch meine Tochter hat ihren Ranzen lediglich am ersten Schultag selber tragen wollen. Seitdem muss ich ihn schleppen, wann immer ich in der Nähe bin. Ihr ist es auch völlig wurscht, ob er irgendwo vergessen wird oder nicht. Und natürlich habe auch ich eine mütterliche Rechtfertigung für mein bescheuertes Verhalten parat: Meine Tochter ist ja so zierlich, und der Ranzen wiegt so viel – mehr sogar als mein schlechtes Gewissen, wenn ich sie zwinge, ihn doch mal selber zu tragen.

ALBTRAUM HAUSAUFGABEN

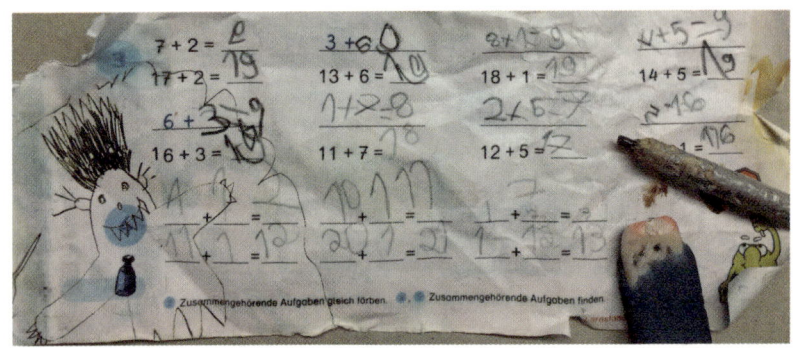

Neulich hatte ich einen Albtraum. Er war schlimmer als meine Träume zu Abi-Zeiten, in denen ich nächtelang durch kafkaeske Schulgebäude irrte und den Prüfungsraum nicht fand oder mit dem Schreiben der Klausur nicht beginnen konnte, weil ich keinen Stift dabeihatte.

In meinem Traum war ich diesmal Gefangene in Guantanamo Bay (dabei sah alles genauso aus wie unser Wohnzimmer), und ich wurde gefoltert. Ich wusste nicht, warum und wofür. Ich wusste nur eines: Ich musste mit meiner Tochter Hausaufgaben machen, und wir waren *niemals* fertig. Ich versuchte ein gutes Setting herzustellen, war munter und fröhlich, sorgte dafür, dass sie keinen Hunger und keinen Durst hatte, dass alles möglichst ruhig war und keine ablenkenden Dinge in der Nähe herumlagen. Doch egal, wie sehr ich mich bemühte, meine Tochter fing nicht an. Erst dauerte es ewig, bis der richtige Stift zur Hand war, dann musste ein spezieller Radiergummi gesucht werden, dann zerkaute sie den Stift, kritzelte auf dem Heftrand herum, dem Tisch, den Fingernägeln, ja sogar auf ihren Zähnen, zerbohrte den Radiergummi oder brach ihn ab.

Statt zu beginnen, diskutierte sie, dass man doch später oder morgen oder nie die Hausaufgaben machen könnte. Wann immer sie *endlich* den Stift ansetze, kam etwas dazwischen: Der Postbote oder das Telefon klingelte, mein Mann kam laut pfeifend ins Zimmer marschiert, oder sie rutschte vom Stuhl, auf dem sie durchgängig herumzappelte. Manchmal juckte auch plötzlich der Rücken, oder es piekste ein Schild im Nacken, dann wieder hatte sie auf einmal doch Durst und bekleckerte mit der Milch das Papier. Je länger der Traum dauerte, umso schlimmer sah das Heft aus, alle Ränder waren schon eingerissen, die Ecken umgeknickt oder hochgerollt, in der Mitte löste sich das Blatt schon fast vollständig aus dem Heft.

Egal, wie viel ich vom Tisch abräumte, immer noch fand sich etwas, an dem Olivia herumfummelte, etwas, mit dem sie auf dem Blatt kratzen konnte oder das unter den Tisch fallen konnte, damit sie erneut aufstehen musste, um es umständlich aufzuheben. Ich wurde immer und immer unruhiger, genervter und sarkastischer, woraufhin auch meine Tochter wahlweise wütend, traurig oder vollkommen überfordert reagierte.

Ich holte eine Sanduhr, bereit, mich mit einem Zeitfenster von nur fünf Minuten Konzentration zufriedenzugeben, aber auch die Sanduhr lenkte nur wieder von der Arbeit ab und musste gestoppt werden, wenn Olivia sich kurz an der Nase pulte oder mal wieder den Bleistift anspitzen musste, der aber dadurch erst richtig abbrach und wobei auch noch der ganze Inhalt aus dem Spitzer über den Tisch verteilt wurde. Dann wieder weinte Olivia, weil sie die Aufgabe nicht verstand, aber sobald ich versuchte, es ihr zu erklären, bekam sie einen Wutanfall. Danach schwirrte ihr der Kopf vor lauter Zahlen, und dann wieder war sie munter bei einem ganz anderen Thema. Immer wieder flehte ich sie an, sich doch bitte ganz, ganz kurz zu konzentrieren, ich versprach für *nach* den Hausaufgaben Fernsehen und Süßigkeiten, doch alles mündete nur immer in neue zähe Diskussionen und Verhandlungen. Ich versuchte, ihr ruhig und liebevoll klarzumachen, wie schnell es doch ginge, wenn wir die Aufgaben jetzt einfach eben schnell hinter uns bringen würden, statt uns durchgängig nur darüber zu streiten – verdammte Scheiße! Aber nichts, gar nichts konnte meine Tochter dazu bringen, ihre Aufmerksamkeit einmal kurz den Rechenaufgaben zu schenken.

So ging es die ganze Nacht. Aber damit war der Albtraum noch nicht zu Ende! Ich träumte weiter, dass ich erwachte und einen Text für *Spiegel Online* über mein Erlebnis schrieb. In 107 Kommentaren antworteten die Leser, dass sie ihre Kinder schon von klein auf zur Selbstständigkeit erzogen hätten und deswegen solche Probleme gar nicht kannten. Andere schrieben, dass es kein Wunder sei – bei Fernsehen und Schokolade –, dass mein Kind so hibbelig sei oder dass sich die Anspannung der Mütter immer aufs Kind übertrage.

Erst dann wachte ich auf – in etwa so gerädert, wie ich am Abend nach den Hausaufgaben mit Olivia eingeschlafen war ...

Neulich gab es in Olivias Schule eine Musical-Aufführung. Ich finde es grandios, wenn Schulen eine Theater-AG haben – und natürlich wollte ich mit meiner Tochter hingehen. Ich stehe dann immer vor der schwierigen Frage: Nehme ich Willi mit oder nicht? Wenn es sich um reines Sprechtheater handelt, hat er keine Freude daran (und auch alle anderen bei der Aufführung dann nicht). Wenn es sich um Kinderkonzerte handelt, hat er zwar Freude, aber so manche ehrgeizige Mutter echauffiert sich dann über ihn – und er wiederum lauthals über schiefe Geigeneinlagen. So eine Situation möchte ich Olivia in ihrer Schule ersparen.

Willi mit ins Musical zu nehmen, habe ich gewagt, und es hat zum Glück recht gut geklappt. Das Problem war nur, dass er sehr gerne mitgetanzt hätte. Prinzipiell wäre dagegen sicher auch nichts einzuwenden, wenn unten vor der Bühne ein begeistertes Kind mittanzt, aber faktisch gesehen stiehlt Willi damit jeder Schülervorführung die Show. Kinder, die ihn nicht kennen, sind in der Regel höchst beeindruckt von seiner bloßen Präsenz, aber wenn er auch noch einen seiner sehr körperbetonten Hüpftänze hinlegt, schaut niemand mehr auf das Stück. Das wäre nicht ganz fair.

Das ist der Grund, warum Willi bei Vorführungen von Olivia manchmal gar nicht mit dabei ist. Ich möchte mich dann voll auf meine Tochter konzentrieren und nicht darauf, Willi von der Bühne zu hieven. Oder wir machen es oft so, dass ich eine zusätzliche Betreuungsperson dabeihabe, die mit ihm rausgeht, wenn er zu sehr stört.

Willi liebt klassische Musik – und er ist ein extrem aufmerksamer Zuhörer. Während der Stücke macht er kaum einen Mucks, nur ab und zu reißt es ihn bei Wagner kurz für eine kleine Tanzeinlage vom Stuhl, die einer Übersprungshandlung gleicht. Leider schreit er aber zwischen den Stücken sehr laut. Das ist eine Mischung aus Begeisterung und Angst, das Konzert könnte vorbei sein. Die sehr leisen Passagen sind ein Problem, denn Willi fordert, man möge bitte lauter spielen. Als das NDR Sinfonieorchester am Tag der offenen Tür die Morgenstimmung aus *Peer Gynt* von Edvard Grieg gespielt hat, ist mir der Schweiß in Strömen gelaufen – aus Angst, Willi würde seine Gebärde für das Wort «laut» auch noch durch dementsprechende Ausrufe unterstreichen.

Natürlich gehen wir nicht in «normale Konzerte», denn ich kann von den anderen Zuhörern, die viel Geld bezahlt haben, nicht erwarten, dass sie einen so hoch ambitionierten Co-Dirigenten wie Willi tolerieren.

Kirchenbesucher fordere ich in musikalischen Gottesdiensten da schon etwas mehr heraus. Trotz der vorne gepredigten Nächstenliebe finden manche es nicht so lustig, wenn mein Sohn parallel zur Predigt etwas in seiner eigenen Sprache erzählt. Die Pastoren verstehen in der Regel mehr Spaß und müssen oft schmunzeln, wenn er ihre Aussprüche vehement mit «Ja!» und «So!» untermalt. Von den Chor- und Orchestermitgliedern unserer Kirche bekomme ich oft aufmunternde Kommentare, dass sie es toll finden, dass ich mit Willi komme. Ich denke, ich würde mich als Musikerin auch freuen, wenn ich einen anderen Menschen zu einem kurzen Ausdruckstanz im Kirchengang mitreißen könnte.

Der Orchesterleiter hat allerdings Angst vor meinem Sohn. Wenn er zu nah an ihm vorbeigeht, packt Willi ihn immer am Arm, blickt ihm tief in die Augen und fordert von ihm, *bitte* das Weihnachtsoratorium zu spielen. Der arme Mann versteht natürlich nicht, was Willi meint, wenn er zehn Zentimeter vor seinem Gesicht eindringlich «BAM» sagt (was die Paukenschläge meint, mit dem der erste Teil beginnt). Und Willi versteht natürlich nicht, warum sie so ein schönes Stück immer nur so selten spielen!

wenn mein mann
die kinder anzieht

Mit manchen Dingen ist mein Mann überfordert. Dazu gehört, morgens mit mir zu sprechen oder einen Einkaufszettel mitzunehmen. Auch Kinderklamotten haben ihn ab dem Tag von Willis Geburt überfordert. Und es ist ja auch wirklich kompliziert: Da gibt es Bodys, Jäckchen und Hemdchen, da wird gewickelt, geschleift und ohne Ende geknöpft (Knopfreihen, die sich irgendwo am Bein dreiteilen und *nie* auf Anhieb richtig geknöpft werden, selbst wenn das Baby dabei schläft). Mal wird vorne, mal hinten und mal unten oder oben oder an der Seite geschlossen. Bei jedem Teil ist es anders! Ich hatte wirklich viel Verständnis für die Forderung meines Mannes nach Sprühklamotten, vor allem, wenn man bedenkt, dass Willi sich schon als Säugling wie ein Aal beim Anziehen gewunden hat und man zusätzlich die ersten zwei Lebensjahre ständig noch alle möglichen Kabel und Schläuche an ihm mitkoordinieren musste.

Die Behauptung, dass Männer besser räumlich denken könnten als Frauen, halte ich – zumindest in Bezug auf Kinderklamotten – für definitiv falsch. Oft habe ich meinen Mann beobachtet, wie er die Ärmchen unserer Kinder zum Test ein paar Mal anwinkeln musste, um zu schauen, in welche Richtung das Gelenk knickt, bevor er es in ein Loch einfädelte (was dann oft die Beinöffnung war).

Mittlerweile sollte es vergleichsweise simpel sein, dafür zu sorgen, dass unsere sieben und neun Jahre alten Kinder vernünftig angezogen sind. Gut, das Anziehen ist bei Willi noch immer eine Herausforderung – er hasst das einfach und rotiert dabei oft wie ein Kreisel, und bei jeder Drehung muss Matthias die Position der Strumpfhose in seiner Hand ebenfalls neu bedenken, und falsch herum angezogen ist die in fünfzig Prozent aller Fälle dann trotzdem.

Aber womit er sich richtig blöd anstellt, ist die *Kleiderauswahl*. Er kann sich niemals daran gewöhnen, dass ein Pullover, der einmal Willi gehört hat, nun seit zwei Jahren im Schrank seiner Schwester liegt. Er kann nicht umdenken. Egal, wie winzig das Teil ist, es bleibt für immer Willis Pulli – und es wird daher auch ihm angezogen, egal, wie schwer es über den Kopf geht oder dass die Ärmel bei den Ellenbogen enden! Übrigens hat mein Mann da gar kein Problembewusstsein, er merkt es gar nicht! Und was einmal an ist, bleibt auch an – ob es ein Loch oder einen Fleck hat oder die Nähte nach außen zeigen. Geschafft ist geschafft.

Natürlich kann ich mir nicht verkneifen, blöde Kommentare dazu abzugeben. Und natürlich sagt mein Mann dann zu mir: «Dann steh du doch morgens um sechs Uhr auf und zieh Willi an!» Recht hat er ja, aber trotzdem begreife ich nicht, wie es sein kann, dass er zielsicher immer genau die Klamotten aus dem Schrank zieht, die von mir extra ganz unten einsortiert wurden und nur noch für den absoluten Notfall darin liegen. Ich müsste an den Tagen, an denen Matthias Kinderdienst hat, kleine Klamottenstapel bereitlegen – so wie es meine Mutter bis heute für meinen Vater tut. Aber das geht zu weit!

So schlecht loslassen kann ich dann doch wieder nicht. Das ist der Preis, den eine berufstätige Mutter bezahlen muss, wenn sie ihrem Mann Verantwortung für die Kinder überlässt: Sie sind mal zu kalt, mal zu warm und in der Regel ziemlich bescheuert angezogen (was zugegeben bis jetzt beide ganz gut überlebt haben). Für wichtige Termine – wenn sich zum Beispiel der Schulfotograf angekündigt hat – trage ich dann aber schon in den Kalender ein, dass die Kinder vernünftig angezogen sein sollten. Natürlich liest Matthias so etwas gar nicht erst oder vergisst es sofort wieder. Auf dem Gruppenfoto ihrer Vorschulklasse ist unsere Tochter mit wilden Haaren und einem feuerroten, zerfetzten Flamenco-Kleid zu sehen – sie sieht sehr glücklich aus!

Auch beim Fototermin in Willis Kindergarten muss mein Mann damals beim Anziehen versagt haben – wenigstens aus Sicht der Kindergärtnerinnen. Sie meinten es sicher gut, als sie Willi frisierten und statt Papas Auswahl ihm lieber ein gestreiftes Hemd anzogen (was sie auch noch bis oben zuknöpften!). Wir haben das Foto sofort in den Müll geworfen: Der beknackte Streber mit dem Seitenscheitel war nicht unser Willi! Da hätte ich ihn doch viel lieber verwuschelt in dem ausgeleierten T-Shirt gesehen, das Matthias wahrscheinlich an dem Morgen irgendwie auf dem Altkleiderstapel gefunden hatte ...

WER MACHT MEHR?

Neulich war mein Mann mehrere Wochen am Stück im Ausland. Natürlich war er nicht zum Vergnügen weg, aber manchmal erscheint mir so ziemlich jede Arbeit vergnüglich, solange sie nichts mit dem eigenen Haushalt und den Kindern zu tun hat.

Wenn Matthias weg ist, fällt mir einiges auf: zum Beispiel, dass man bei uns ständig den Müll rausbringen muss. Und ich wusste nicht, was für gigantische Maden im Kompost heranwachsen, obwohl er noch gar nicht voll ist! Erstaunlich auch, wie oft man Toilettenpapier kaufen muss!

Ich fühle mich dann schuldig, dass ich Matthias so oft das Gefühl gebe, sich zu Hause nicht genug einzubringen, dabei macht er *wirklich* eine Menge. So richtig merke ich es eben erst, wenn er weg ist. Oder wenn ich mich mit anderen Frauen unterhalte. Ich nehme mir dann immer vor, ihm mal zu sagen, wie grandios es für mich ist, dass er abends, in der Stunde, in der ich Olivia ins Bett bringe, fast immer schon die Küche und das Wohnzimmer wieder in einen begehbaren Zustand versetzt. Wenn er länger nicht im Haus ist, lege ich mich meistens gleich mit den Kindern schlafen, damit ich nicht das Elend sehen muss, das mich am Fuße der Treppe erwartet: ein Schlachtfeld aus Essensresten, dreckigen Töpfen, Schulsachen, Spielzeug, winzigen Zettelchen mit lebenswichtigen Telefonnummern, verstreuten Klamotten und dazwischen ganz viel Sand und Steine!

Das Problem ist nun aber folgendes: Je länger mein Mann weg ist, umso mehr verwandelt sich meine Wertschätzung über seine sonst getane Arbeit in Unzufriedenheit darüber, dass er diese Arbeit zurzeit eben nicht macht.

Für ihn ist das eine klassische Loose-loose-Situation: Wenn er's macht, nehme ich es kaum wahr, wenn er es nicht macht, bin ich sauer auf ihn. Und je länger er weg ist, umso mehr baut sich das Gefühl auf, dass er mir etwas schuldet. Das muss er dann erst mal wieder abarbeiten! Es ist schrecklich, dieses Aufrechnen der geleisteten Familienarbeit. Auch weil es ja nicht ganz klar ist, was man sich da genau wie anrechnen lassen kann. Einmal Willi die Zähne putzen zählt mehr Punkte als die Spülmaschine ausräumen, oder? Und ich finde, dass das Verwalten der Kinderfotos, Ausdrucken, Rahmung und Aufhängung durchaus auf mein Konto gutgeschrieben werden müsste. Matthias hätte dagegen aber lieber gar nichts an den Wänden. Wenn es nach ihm ginge, würden mir für diese Arbeit sogar Punkte abgezogen werden.

Dafür finde ich nicht, dass die monatelange Recherche über das beste 5.1-Heimkino-Soundsystem für unser Wohnzimmer oder die Einrichtung eines NAS-Servers wirklich auf die Liste der Dinge kommen sollte, mit denen mein Mann sich bei uns zu Hause eingebracht hat. Auch der kürzlich wieder über ihn hereingebrochene, extrem zeitaufwendige Autokauf bringt ihm eindeutig Minuspunkte – und nicht zu knapp! Dafür lässt Matthias bei mir stundenlange Bastelaktionen für Advent oder Geburtstage nicht gelten. Unfair, es ist doch für die Kinder!

Und so rechnen wir wohl beide heimlich schmollend mit, werden aber hoffentlich nie den Rat der Familientherapeutin befolgen und auf einer Strichliste festhalten, wer denn nun wirklich öfter die Wäsche aufgehängt, Kinderpopos gewaschen, Ohren getropft, Fußnägel geschnitten, Brote geschmiert, Hausaufgaben gemacht oder Warzen lackiert hat.

Und Matthias wird leider nie erfahren, dass ich ihm wirklich von Herzen dankbar bin, dass er abends die Polster von den Gartenstühlen räumt und den Haufen Kinderschuhe und Pullis, die beim Trampolin liegen, reinholt. Würde er meine Texte lesen, dann wüsste er es, aber dafür würde er sich sicher zwei Punkte anrechnen, das ist es mir dann doch nicht wert.

Ich wette, jede Mutter hat den folgenden Satz schon gedacht: *Ich kann nicht mehr!* Wahrscheinlich ist sogar jeder Mensch schon an dem Punkt gewesen, dass er spürte, er kann nicht mehr – und trotzdem hat er weitergemacht.

Ich wundere mich im Nachhinein, ob mit meinem Gefühl etwas nicht gestimmt hat. War ich noch gar nicht an dem Punkt, dass ich nicht mehr konnte? Aber woran erkenne ich den Punkt? Ist er in Wirklichkeit erst erreicht, wenn ich umfalle?

Wenn ich zu lange ganz allein die häuslichen Routinetätigkeiten abarbeiten muss, bekomme ich irgendwann das Gefühl, dass ich mich nicht drehen oder wenden kann, ohne dass mir ein Kind im Weg steht oder jemand an mir zerrt. Wenn die Kinder spielen, sehe ich nur die Arbeit, die mir ihre Unordnung macht, und wenn sie essen, nur noch die Krümel und das Geschmiere. Ich merke dann, dass ich mich wie eine Mutter verhalte, die ich nicht sein will: Ich schiebe und zerre meine Kinder genervt umher, werde sarkastisch und sogar laut! Ich weiß, dass ich mir schon vor Eintritt dieses Zustandes dringend Hilfe holen muss. Ich schreibe dann einen Kurantrag, aber der bringt ja kurzfristig auch nichts. Also bitte ich unsere unersetzlichen Omas, den Opa und meinen Bruder, an den Wochenenden Extraschichten zu schieben.

Das Schlimmste sind aber die Abende: Wenn ich an

zwanzig aufeinanderfolgenden Tagen dieses zähe Ritual mit Willis vollgemachten Windeln, Zähneputzkämpfen und Anziehtheater hinter mir habe, während unten eine rümpelige Wohnung und Olivia mit ihrem Hausaufgabendrama warten, dann habe ich keinen sehnlicheren Wunsch als bitte, bitte einfach dieses Haus für paar Stunden zu verlassen und dass sich irgendjemand anderes um den ganzen Scheiß kümmert!

Mein Mann hat in der letzten Zeit viel (zu viel!) auswärts gearbeitet. Nachdem ich Willi den ersten Klaps seines Lebens auf den Hintern verpasst hatte, versuchte ich professionelle Unterstützung zu bekommen. Zum Glück hat Willi nicht begriffen, was ich getan hatte, denn die Intensität dieses Klapses unterschied sich nicht von den liebevollen Klapsen, die er lustig findet. Aber für mich machte es einen riesigen Unterschied! Ich hatte mein Kind gehauen – und selbst wenn Willi nicht begriff, warum ich weinte und mich entschuldigte, tat es mir unendlich leid! Willi hat mich dann getröstet ...

Ich erzählte überall herum, dass ich am Limit war – ein Hilferuf. Im Nachhinein bin ich schockiert, an wie viele öffentliche Stellen ich mich gewandt habe, ohne dass etwas passierte. Irgendwann war ich so kaputt, dass ich *nichts* mehr tun konnte außer durchzuhalten; jedes Hilfeplangespräch, jedes Telefonat, jeder auszufüllende Zettel waren von da an unmöglich!

Jetzt kenne ich die Antwort auf die Frage, wie man eigentlich den Punkt erkennt, an dem man nicht mehr kann. Man erkennt ihn – von dem Moment an, wo er überschritten ist – gar nicht mehr. Man kann dann bestenfalls noch funktionieren.

Nicht vom Pflegedienst oder der Familienhilfe kam in dieser Zeit übrigens praktische Unterstützung, sondern unsere Kassiererin bei Aldi und Willis Fahrer vom Deutschen Roten Kreuz haben mir angeboten, im Notfall einzuspringen.

Wenn ich letzten Endes doch nicht durchdrehe, dann deshalb, weil uns in der Schlange mal eine ältere Dame vorlässt, weil ein Jugendlicher lachend Willis Lieblingsplatz hinten im Bus freimacht, statt genervt zu sein, oder weil eine andere Mutter Olivia nach einem Geburtstag zu mir nach Hause fährt und mir das Geschenk mitbesorgt – alles, ohne dass ich extra darum bitten muss.

Nur dank der kleinen Hilfen und Rücksichtnahmen von vielen Menschen um uns herum habe ich bis jetzt nie versucht, mich oder meine Kinder auf die Größe einer Babyklappe zurechtzuschnitzen. Aber wenn Willi und Olivia aus dem Haus sind, erfinde ich die Elternklappe: einfach reinlegen, Klappe zu, einschlafen, und die Kinder werden von einem Mitglied des Elternklappe e.V. zu Bett gebracht – geduldig, ohne Fragebögen und inklusive sauberer Küche. Aber ich mache da nur den Telefondienst!

Wenn man die Frage, ob mein Mann und ich uns gut verstehen, wörtlich nähme, dann müsste ich zugeben, dass wir uns oft gar nicht gut verstehen. Na ja, genau gesagt: Er versteht mich nicht. Oft nimmt er überhaupt nicht wahr, dass ich etwas zu ihm gesagt habe. Genau wie meine Kinder übrigens. Willi wird deswegen sogar ständig Schwerhörigkeit angedichtet, dabei hält er es nur am konsequentesten durch, Aufforderungen zu ignorieren.

Wenn mein Mann mal nicht so tun kann, als hätte er gar nicht gemerkt, dass ich mit ihm spreche, hört er trotzdem in vielen Situationen sehr schlecht. Das ärgert mich. Ihn wiederum nervt es, dass ich angeblich so nuschele oder zu leise spreche oder ihn überhaupt anspreche, während noch andere Lärmquellen aktiv sind (was bei uns natürlich den ganzen Tag der Fall ist).

Umgekehrt verhält es sich aber genauso: Matthias ist gereizt, wenn ich nicht verstanden habe, was er über zwei Stockwerke gebrüllt hat, und ich bin genervt, weil er nicht hochkommt, sondern ich runterkommen muss. Unsere Rollen sind dabei komplett austauschbar, und ich fürchte, wir sind damit erfolgreich in die Fußspuren der Kommunikationsstruktur unserer eigenen Eltern getreten.

Immerhin, nach 20 Uhr kann man mit meinem Mann ziemlich vernünftig reden, wenigstens über alles, was nichts mit Familienorganisation zu tun hat. Die Bitte, bei

Aldi unbedingt *nur* die Biomilchprodukte zu kaufen, würde zwar, trotz eines Kopfnickens, sofort aus seinem Zwischenspeicher gelöscht werden, aber die Frage «Ist da auch noch ein kaltes Bier für mich im Kühlschrank?» könnte Matthias unter den widrigsten Umständen verstehen, selbst wenn das Radio, die Waschmaschine und der Fernseher gleichzeitig liefen! Er würde sogar bereitwillig aufspringen und meinen potenziellen Alkoholwunsch umgehend erfüllen, wäre es doch das sichere Zeichen für das Einläuten des gemeinsamen Feierabends. Und zwar ein echter Feierabend, nicht so einer, wo er allein vor der *Tagesschau* sitzt und ich mit Wäschebergen im Arm durchs Haus hetze und demonstrativ seufze. Dass er mein ostentatives Leiden in solchen Fällen nicht hört, ist unwahrscheinlich. Er ignoriert es berechtigterweise, denn wenn ich seine Hilfe wollte, könnte ich ihn ja fragen. Ob er meine Frage hören würde, wäre allerdings wiederum fraglich.

Manchmal frage ich meinen Mann nur deswegen nicht, damit ich mich nicht darüber ärgern muss, dass er mich nicht wahrnimmt oder meine Bitte zwar hört, sie dann aber doch wieder vergisst. Einmal hat mir eine Psychologin gesagt, es sei ganz, ganz falsch, seinen Partner nur in den allerdringlichsten Fällen etwas zu bitten, denn dann habe er nicht mehr die Möglichkeit abzulehnen. Man müsse im Gegenteil viel öfter bitten. Irgendwie hat mir das eingeleuchtet, aber die Frau kannte auch meinen Mann nicht. Wenn bei uns abends beide Kinder fest schlafen, würde er sich – im hypothetischen Falle – selbst bei der Geburt eines dritten Kindes weigern, vom Fernsehen aufzustehen, um mich ins Krankenhaus zu fahren, da er nun endlich «frei» habe! Mir selbst ebenfalls mal «freizunehmen» und mehr mit meinem Mann zu machen steht allerdings auch auf meiner To-do-Liste der Therapeutin.

Also lasse ich, wenn die Kinder schlafen, die Arbeit ebenfalls liegen und setze mich mit Matthias vor die Glotze. Beim *Tatort* können wir uns dann wenigstens gemeinsam darüber aufregen, dass man die Hälfte nicht versteht.

ERLEBNISLEBEN

Alles! muss! raus!

Solange der Vorrat reicht.

SSV TOP-Angebote!

Bis zu 70% reduziert

Solange Vorrat reicht!

Chromosom 21

3 FOR THE PRICE OF 2

SONDER ANGEB

Hol Dir Dein Erlebniskind!

Einmal wurde ich mit Olivia zu einem Ausflug eingeladen – und zwar in einen «Erlebniswald». Vielleicht stimmt mit mir etwas nicht, aber allein das Wort regt mich schon auf! Ja, in einem normalen Wald kann man natürlich heutzutage gar nichts mehr erleben, es muss schon ein «Erlebniswald» sein. Dort werden dann zurechtgesägte Kletter- und Balancierbäume hindrapiert und ein Bodenerlebnispfad sowie die Picknickplätze auf der Lichtung ausgeschildert. Ein echtes Walderlebnis, zum Beispiel mit einem Schnitzmesser einen Ast zu bearbeiten, wobei man sich ja schneiden könnte, ist aber ein unerwünschtes Erlebnis – auf jeden Fall erlaubte damals außer mir niemand seinem Kind zu schnitzen.

Wir hatten einen tollen Tag im Erlebniswald, das will ich gar nicht abstreiten, trotzdem finde ich es bescheuert, dass man offensichtlich nicht mehr einfach so in den Wald gehen kann. Überall soll einem etwas «geboten» werden. Einmal erzählten mir die Erzieherinnen in Willis früherem Kindergarten, es hätten Eltern nach dem Urlaub im Robinson-Club zu ihnen gesagt, dass sie sich von dem Animationsprogramm dort mal eine Scheibe abschneiden sollten. Wenn man überall und ständig Bespaßung bietet, was kommen denn da für Kinder heraus?

Ich gehe gerne mit meinen Kindern ins Schwimmbad, wir erleben immer etwas und haben viel Spaß. Aber dafür muss es doch nicht ein «Spaßbad» oder «Erlebnisbad» heißen. Und warum sind alle Regenjacken jetzt «Funktionsjacken»? Wenn ich darin nass werde, funktioniert sie nicht, egal, wie man sie nennt.

Mich nervt das alles, ich will gerne eine Molkerei mit meinen Kindern anschauen, aber wenn «Erlebnismolkerei» dransteht, habe ich schon keine Lust mehr. Ich halte das alles für Volksverblödung: «Wohlfühl-Hotels», «Wellness-Klamotten» – das ist lächerlich! Es ist doch klar, dass ich mich im Hotel oder meiner Kleidung wohlfühlen will. Wozu steht da «Outdoor» an meiner Winterjacke? Hält man mich für so bescheuert, dass ich sie sonst unabsichtlich «indoor» tragen würde? Mich wundert es glatt, dass die Frauenkliniken für ihre ambulanten Entbindungen noch nicht mit «Baby to go» werben.

Man muss doch mal darüber nachdenken, bevor man Schilder und Etiketten mit sinnlosen Worten bedruckt. Vor unserem Blumenladen steht jetzt ein Schild mit den Worten: «NEU: Wir binden Ihre Blumen gern!» Aha, vorher haben sie mir also die Blumen immer nur ungern gebunden!

Das Albernste, was ich bis jetzt gesehen habe, war ein alter Gouda, der im Supermarkt als «Vintage-Käse» deklariert war. Irgendwelche Werbefuzzis glauben echt, dass man uns mit diesen beknackten Wörtern zu mehr Konsum bewegen kann. Bei mir funktioniert das aber nicht!

Neulich war ich sehr, sehr hungrig, denn bei meinem Erlebnisleben komme ich oft nicht dazu, zwischendurch mal eine kleine Wellnessmahlzeit zu genießen. Aus irgendeinem Grund hatte ich die Zeit, etwas essen zu gehen. Ich wollte mich einfach nur hinsetzen und mich bedienen lassen – wohlfühlen eben! Ich betrat eine kleine «Café-Restaurant-Lounge», wo ich von der Karte mit fünfzig Gerichten vollkommen überfordert war. Ich hatte keine Energie, große Entscheidungen zu treffen, und fragte nach dem Tagesgericht. Das Tagesgericht war der «Erlebnis-Wok», wo ich wiederum unter fünfzig Zutaten wählen konnte und dann danebenstehe sollte, während gekocht wurde! Es hätte mich nicht gewundert, wenn das Waschen und Schneiden des Gemüses sowie der Abwasch auch zum Erlebnis gehört hätten. Auf jeden Fall verließ ich den Laden sofort und kaufte mir einen Apfel. Aber vielleicht bin ich auch einfach nur zu vintage für all das Zeug.

Wenn den Menschen tatsächlich Erlebnisse fehlen, warum werden dann eigentlich behinderte Menschen systematisch vorgeburtlich aussortiert? Man könnte sie doch den werdenden Eltern als «Erlebniskinder» verkaufen! Auch wenn man bei einem behinderten Kind wohl keinerlei Garantien geben kann, so doch ganz sicher die auf ein erlebnisreiches Leben. Gut, ein Wellnessleben wird es vielleicht nicht immer sein – aber das kann mit einem «Funktionskind» auch passieren.

FASCHING —
LOOK-ALIKE DRESS UP PARTY!

Als in Olivias Schule neulich der erste Fasching war – nicht Karneval, wir sind Hamburger –, bekamen wir von der Lehrerin die Aufforderung, einen Beitrag zum Büfett zu leisten, «den man mit den Fingern essen kann». Ich kannte die Lehrerin noch nicht lange, aber die Frau war mir allein durch diesen Zettel sehr sympathisch, einfach, weil sie nicht «Fingerfood» geschrieben hatte. Dabei kann ich mit dem Wort «Fingerfood» eigentlich noch ganz gut leben. Was gar nicht geht, ist «Snacks». Ich weiß nicht, was mit mir los ist, aber ich finde, das Wort «Snacks» klingt einfach furchtbar!

Ich erinnere mich, wie Olivia in ihrem ersten Kita-Jahr einmal unbedingt länger bleiben wollte, um noch mit zu «neggen». Ich habe ziemlich lange gebraucht, bis ich die Bedeutung herausfand: Sie wollte zum «Snacken» dort bleiben, denn um 15 Uhr gab es für die Kinder Snacks. Das Substantiv klingt ja schon schlimm, aber daraus noch das Verb «snacken» zu basteln? Darf man das überhaupt? Ich will, dass meine Tochter das Wort «snacken» als plattdeutsch für «unterhalten» kennt und sonst gar nicht.

Natürlich weiß ich in Wirklichkeit, dass man mit Sprache jeden Blödsinn machen darf. Man kann zum Beispiel zu Aufklebern «Sticker» sagen. Warum man das macht, ist mir allerdings unklar. Soll es moderner klingen? Also: Aufkleber hatte Mutti als Kind, heute haben die Kids coole

Sticker, die glitzern und 3D sind und was weiß ich nicht alles. Sie werden dann von Olivia und ihren Freundinnen wie wild auf irgendwelche Zettel «gestickert», und ich sitze daneben und gräme mich, weil ich weiß, was das Zeug kostet. Ich wollte meiner Tochter eigentlich einen Ordner kaufen, damit sie ihre Aufkleber sammeln kann, so habe ich das auch als Kind gemacht. Aber irgendwie ist mir dann aufgefallen, dass das auch bescheuert war, sie nie aufzukleben. Als ich Olivia mal anflehte: «Kleb sie doch nicht alle auf einmal auf», antwortete sie ganz plausibel: «Mama, dazu sind sie doch da!» Recht hat sie ja – meine alten Aufkleber liegen bis heute irgendwo bei meinen Eltern auf dem Dachboden und kleben wahrscheinlich nicht mal mehr.

In Olivias Kita (und ich frage mich auch schon lange, warum es eigentlich nicht mehr «Kindergarten» heißt) hießen die Gruppen, die die Kinder wählen konnten, übrigens «AGs»! Wer denkt sich so etwas aus? «Holz-AG», «Farben-AG». Ich habe mir einmal einen Spaß daraus gemacht, möglichst viele Kinder nach der Bedeutung von «AG» zu fragen – keiner wusste es. Aber etwa jedes zweite Kind schnauzte mich an, es würde «Ege» heißen und nicht «Age». Komisch, dass sie es nicht gleich «Working-Groups» genannt haben. Doch wahrscheinlich ist es mindestens genauso komisch, sich über so etwas aufzuregen. Und so richtig rege ich mich auch gar nicht auf. Viele englische Wörter mag ich sogar, zum Beispiel das Wort «Dip»; eine «Soße» ist einfach etwas anderes, und «Tunke» klingt doch sehr abschätzig und wird einem leckeren Dip gar nicht gerecht.

Aber worüber ich mich doch richtig aufregen kann, das ist, wenn etwas angeblich rassistisch ist und man

«Blackfacing» sagen soll, wenn ein Kind sich als Jim Knopf zum Fasching verkleidet. Das ist doch Blödsinn! Schwarz angemalte Gesichter finde ich schon immer bescheuert, dafür brauche ich nicht schon wieder einen Anglizismus des Jahres, von dem kein Mensch vorher etwas gehört hat. Natürlich ist das Wort «Neger» ein absolutes No-Go, aber durch diese Political-correctness-Hetze weiß mittlerweile ja kaum jemand mehr, ob man eigentlich «dunkelhäutig», «schwarz», «afrikanischer Abstammung», «farbig» oder «vollpigmentiert» sagen muss oder darf – alle eiern nur noch um das Wort «schwarz» herum. Das ist genau wie mit dem Begriff «behindert», und oft ist es lediglich die Angst davor, das falsche Wort für «Down-Syndrom» zu benutzen, was Leute daran hindert, mit mir eine Unterhaltung über Willi zu beginnen!

Übrigens: Für die Faschingsfeier in diesem Jahr hat mir die Mutter eines – na, ich sag mal «afrogermanischen» – Jungen angeboten, Willi dessen altes Kostüm als afrikanischer Prinz zu leihen, und sie schlug *selber* ein rassistisches «Blackfacing» dazu vor! Aber weil Willis Klasse das Motto «Asien» hatte, lehnte ich dankend ab, denn natürlich sollte er als mongolischer Krieger gehen.

Für Olivias Fasching habe ich dann übrigens Tomaten-Mozarella-Spieße (nicht Sticks!) gemacht, ganz ohne Soße, Dressing, Dip oder Tunke, weil's am schnellsten ging.

Eigentlich mochte ich es immer sehr gerne, Kolumnen zu lesen. Aber seit ich selbst welche schreibe, mache ich das nur noch ungern. Immer mal wieder kommt es vor, dass ich eine super lustige Kolumne lese und selber schon vor längerer Zeit genau dieselbe Idee hatte. Das Schlimmste daran ist: Ich weiß, dass mein Text lange nicht so gut geworden wäre wie dieser andere ...

Schon ewig wollte ich mal über sinnlose Beschriftungen schreiben, mit denen die Welt gepflastert ist. Ich habe mir das bereits vor siebzehn Jahren vorgenommen, als ich auf der Waschmaschine meines damaligen Freundes die Worte las: «8 Jahre Ersatzteil-Garantie-Option». Dieser Aufkleber hat mich sehr inspiriert und zum Denken angeregt: Denn sind Garantie und Option nicht das genaue Gegenteil?

Gerne stellten mein Freund und ich uns das Gespräch mit dem Waschmaschinenmann vor: «Nein, nein, es gibt gar keine Ersatzteile! Das haben Sie falsch verstanden. Sie haben nur die Wahlmöglichkeit für die Zusicherung eines Ersatzteils. Die Garantie gilt nur auf die Option ...»

Als ich feststellte, dass genau dieser Freund meine Leidenschaft für die Namensentgleisungen von Friseurläden teilte, heirateten wir! Er brachte «Hair Force One» mit in die Ehe und ich «Haar-a-kiri». Statt Blumen schickt mein Mann mir auch heute noch von seinen Drehreisen immer mal wieder ein hübsches Foto, auf dem etwa «AtmosfHair» oder «KatHAARina» zu lesen ist. Zu schade, dass ich wohl nie einen Billigfriseurladen eröffnen werde, denn sonst könnte ich ihn «Haartz4» nennen.

Amüsiert stelle ich fest, dass sich seit einigen Jahren auch lokale Handwerksbetriebe sehr gerne im Wortspiel versuchen oder englischsprachige Floskeln auf ihre Wägen kleben. Den Schriftzug «Bad Design» musste ich deswegen gleich mehrmals lesen, bis ich begriffen hatte, dass es sich um einen Sanitärausstatter handelte und nicht um einen schlechten Designer.

Seit ich Kinder habe, betrachte ich den Beschriftungswust noch mal mit ganz anderen Augen: Warum um Himmels willen kann man kaum Kinderklamotten kaufen, ohne dass sinnentleerte Wörter draufstehen, die cool oder niedlich klingen sollen?

Das war eigentlich der endgültige Auslöser, mal über dieses Thema zu schreiben. Und dann bekomme ich doch tatsächlich von meinem Mann eine Karikatur des Cartoonisten Perscheid geschickt. In seiner unvergleichlichen Art hat er sich selbst gezeichnet – und zwar, wie er auf der Bühne vor Publikum seinen Sohn hoch hält und in der Sprechblase steht: «Motorcycle Ice Stadium No 80, Racing Ice Speedway Traction Control on Bikes without Brakes ...», und darunter: «Perscheid liest von den Pullovern seiner Söhne.»

Ich finde es eine Frechheit, wie der Mann mit nur einem Satz meinen ganzen Text überflüssig macht!

Immer wieder stolpere ich in letzter Zeit darüber, dass man über «die Alten» als das neue Problem unserer Gesellschaft spricht. Dabei kann es ja höchstens sein, dass unser Umgang mit «den Alten» ein Problem ist – nicht sie selbst! Pauschal über eine ganze Generation zu sagen, sie sei (oder werde) eine Belastung für unsere Gesellschaft, regt mich auf. Außerdem: Wer soll das eigentlich sein – «die Alten»?

Meine Eltern sind beide über siebzig. Sie gehören sicher zu den Alten; mir kommen sie aber gar nicht alt vor. Sie sind weniger spießig als wir selbst und *ent*lasten uns, wo immer sie können, genau wie meine Schwiegermutter. Es wäre absolut undenkbar für mich gewesen, ohne ihre Hilfe in den letzten Jahren berufstätig zu sein.

Überall in meinem Umkreis sehe ich, dass diejenigen jungen Familien, die fitte Eltern in der Nähe haben, in der glücklichen Situation sind, viel flexibler, mehr oder überhaupt zu arbeiten. Gibt es darüber mal eine Studie, wie sehr unsere Volkswirtschaft von den vielen Großeltern profitiert, die sich liebevoll um ihre Enkel kümmern? Ich sehe jede Menge Rentner, die ihre Enkelkinder in die Kitas bringen und abholen. In den Ferien gehen sie mit ihnen zelten, sie machen Ausflüge, lesen stundenlang vor, begleiten die Kinder zum Sport und zum Musikunterricht (den sie oft auch noch bezahlen) – und all das, obwohl sie eigentlich gar keine Zeit haben!

Unsere Eltern sind immer beschäftigt, aber auch immer bereit, alles stehen und liegen zu lassen, wenn wir sie dringend brauchen. Sie sind eine unvorstellbare Ressource an Wissen (und Besserwissen), und zusätzlich kurbeln sie ungemein die Wirtschaft an. Ich wette, mindestens ein Prozentpunkt des Umsatzes im deutschen Spielzeug-Einzelhandel ist ganz allein auf meine Schwiegermutter zurückzuführen.

Aber im Ernst: Warum hat meine Schwiegermutter noch keinen Orden bekommen? Sie hilft regelmäßig bei uns und ihrem anderen Enkelkind, hat ihren Mann zu Hause bis zu seinem Tod liebevoll gepflegt und kümmert sich seit vielen Jahren um ihre demente Mutter. Die Zustände, die sie im Pflegeheim erlebt, sind einfach nur traurig. Warum gibt es denn in Deutschland keine «Rentnerschutzvereine» oder Zusammenschlüsse von «Oma-und-Opa-Freunden»? Ich bin ganz sicher, dass man einfacher Ehrenamtliche finden könnte, die in einem Tierheim den Nagern vorlesen als in einem Pflegeheim den Dementen! Hätten alte Menschen so eine Lobby wie Tiere, würde es in den Pflegeheimen sicher anders aussehen.

Ich fürchte, dass keine gesetzliche Regelung und keine Versicherung das leisten kann, was benötigt wird: menschliche Zuwendung, Zeit und Liebe. Das ist einfach nicht bezahlbar. Letzten Endes sind wir alle gefragt, damit die alternde Gesellschaft nicht zum Problem wird – jeder Einzelne von uns. «Inklusion», das schließt alle Menschen in unserer Gesellschaft ein, nicht nur Menschen mit Beeinträchtigungen oder Flüchtlinge. In einer inklusiven Gesellschaft wird man niemals abends im Supermarkt etwas hören wie «Die Rentner können doch den ganzen Tag einkaufen», und kein Geschichtsstudent wird herumjammern, weil die Alten im Hörsaal ihm angeblich den Platz wegnehmen.

Ich sorge mich tatsächlich darum, was sein wird, wenn meine gehetzte Generation der Egoisten und Selbstverwirklicher an dem Punkt sein wird, dass wir für unsere Eltern da sein müssen. Die «überalterte» Gesellschaft könnte dann aber auch unsere Chance werden, endlich diese Ichbezogenheit loszuwerden und zu sehen, worauf es im Leben ankommt. Ich bete, dass ich an dem Tag, an dem unsere Eltern uns brauchen, die Möglichkeit haben werde, für sie da zu sein.

Bis dahin möchte ich ihn hier wenigstens verbal verteilen, den Orden an all die Alten, die sich in Ehrenämtern, Nachbarschaftshilfen und Familien engagieren und sich dafür auch noch als potenzieller Kostenfaktor im Gesundheitssystem bezeichnen lassen müssen: DANKE!

WILLI, TIERE UND MENSCHEN[1]

---

1 Ich wollte zwar nie wieder etwas über Tiere, aber dafür schon immer mal etwas mit sehr vielen Fußnoten schreiben.

Willi hat keine Freunde. Das klingt hart, und vielleicht stimmt es auch nicht ganz, denn in seiner Klasse gibt es bestimmt ein oder zwei Kinder, mit denen er so etwas wie «befreundet» ist, aber keines von ihnen war jemals bei uns zu Besuch – außer bei den legendären Geburtstagsfeiern –, und kein Kind hat Willi jemals zu sich nach Hause eingeladen. Es kann auch keiner von ihnen gut genug sprechen, um seinen Eltern zu sagen, sie würden gerne mit ihm spielen – und Willi ist mit so einer Aussage an seinem Sprechcomputer ebenfalls überfordert. Und genau genommen kann er ja auch gar nicht *richtig* spielen, was wohl die Voraussetzung für Kinderfreundschaften wäre.

Einmal habe ich einen Artikel geschrieben, in dem ich erwähnte, dass bei uns die Nachbarskinder nicht gerade Schlange stünden, um Willi kennenzulernen (was eine grobe Untertreibung war), und wir bekamen einen sehr netten Brief von einer Mutter, die gerne mit ihren Kindern und Willi gemeinsam auf den Spielplatz gehen wollte.

Ein anderes Mal berichtete ich in einer Kolumne, dass wir für Willi Kaninchen als Gefährten halten; wir bekamen daraufhin über hundert gar nicht nette Emails von Leuten, die gerne unsere Kaninchen retten wollten. In vielen dieser Mails wurden Willi und ich schlimm beschimpft.[2] Damals

2 Zugegeben, der Titel des Artikels, «Gebrauchskaninchen», war vielleicht etwas provokant.

nahm ich mir vor, nie wieder über Tiere zu schreiben, denn diese Tierschutz-Salafisten[3] machten mir große Angst.

Ich lernte durch diesen Zwischenfall einiges dazu – über Menschen und Tiere. Es gibt anscheinend eine radikale Gruppe von Menschen, die das Halten jeglichen Tieres als unmoralisch verurteilen. Ich finde, dies ist prinzipiell eine konsequente und löbliche Haltung – wenigstens solange man nicht diejenigen, die anders leben, bedroht und anfeindet.

Die sympathischsten Briefschreiber waren die Belehrenden, die mich über die artgerechte Pflege und Haltung von Kaninchen aufklären wollten. Es verwunderte mich nur, wie sie darauf kamen, dass ich zum Beispiel nicht wüsste, dass Kaninchen frisches Wasser, Heu und Auslauf brauchen und nicht in warmen Wohnungen gehalten werden sollen.

Eine andere Kategorie stellten diejenigen Briefschreiber dar, die von eigenen Gefühlen und Bedürfnissen auf die von Tieren schließen. Nur sie haben das Recht, Tiere zu besitzen, die ihnen als Freunde dienen, und sie bemerken nicht, dass auch ihr Tier ihnen dadurch einen «Nutzen» bringt. Fleisch essen sie und ihr Hund natürlich trotzdem. Für sie bedeutet, ein Tierfreund zu sein, zum Hundejoga zu gehen, und sie halten es für Tierquälerei, dass unsere Kaninchen im kalten Garten leben.

---

3 Das ist ja jetzt eine noch schlimmere Wortentgleisung von mir! Entschuldigung ...

HUNDE

Willi mag auch Hunde. Eines seiner Lieblingsspiele ist es, einem Hund einen Ball zuzuwerfen, den dieser dann zurückbringt. Selbst Vierbeiner, deren Besitzer behaupten, davon werde ihr Hund niemals genug bekommen, haben in der Regel weniger Ausdauer bei dem Spiel als Willi – der ja sonst, außer beim Murmeln und bei Live-Musik, wenig Ausdauer zeigt. Leider treffen wir nicht so oft Hunde und deren Besitzer, die einmal ein Stündchen Zeit und Lust haben, Willi zu beschäftigen.

Für mich ist es ja das Allergrößte, wenn er sich für etwas begeistert und nicht ziellos durch die Gegend rennt, um mal die Kiste mit den Instrumenten auszukippen, und, noch bevor wir einen Ton gespielt haben, zusätzlich noch drei Puzzle und die Zuckerdose auf dem Boden auszuleeren, um dann doch lieber in den Garten zu wollen, was er sich dann aber gerne, noch bevor wir die Schuhe anhaben, wieder anders überlegt.

Beim Spielen mit einem Hund muss ich Willi nicht motivieren, bitte *einmal* bei der Sache zu bleiben, sondern nur ab und zu den vollgesabberten Ball aus einem Gebüsch polken oder darauf achten, dass Willi nicht zu ruppig mit dem Hund umgeht: Echte Entspannung also! Mir ist aufgefallen, dass die Hundebesitzer aus der Nachbarschaft uns leider eher meiden, statt ab und zu ihren Hund zum Spielen zu verleihen. Es stresst manchen, dass das Tier den Tennisball auch ab und zu an den Kopf geworfen bekommt. Was ich früher auch nicht wusste: Man darf den Ball keinesfalls auf den Weg werfen, denn die Steine sind nicht gut für die Pfoten. Und Stöcke darf Willi schon gar nicht werfen, denn angeblich sind da Gerbstoffe in der Rinde, das ist nicht gut fürs Zahnfleisch.

Diese Typen sind das Tierhalter-Pendant zu Eltern, die ihr Kind die ersten zwei Jahre prophylaktisch glutenfrei und vegan ernähren und nie mit ihm vom selben Löffel essen, um das Kind nicht mit Kariesbakterien anzustecken. Zum Glück sind nicht alle Leute so.

Was wir für Willi benötigen, ist ein echter Gebrauchshund. Das Wort klingt eigenartig, aber ein Therapiehund oder ein Behinderten-Begleithund nennt man tatsächlich einen Gebrauchshund. Ich habe mich eine Zeit lang in das Thema eingelesen, da ich den Gedanken hatte, dass mein Sohn vielleicht in einem Therapiehund einen Freund finden könnte, der gleichzeitig darauf achtet, dass Willi nicht davonläuft, und bellt, wenn er die Windel voll hat. Auf der Website eines Hundeausbilders stand ganz oben ein erstaunlich harscher Text: Jeder, der seinen Hund als Therapiehund ausbilden lassen möchte, müsse sich darüber im Klaren sein, dass dabei der «Klient» (also der beeinträchtigte Mensch) im Mittelpunkt stehe und nicht der Hund.

Mir wurde dabei bewusst, warum ich mich über manche Hundebesitzer so aufregen kann: Sie stellen das Wohl ihres Hundes über das meines Kindes. Natürlich haben sie jedes Recht dazu – aber obwohl ich weiß, dass ich mich damit bei vielen Menschen unbeliebt mache: Ich finde, das Wohl eines Kindes sollte wichtiger sein. Doch ich bin ja auch die Kinder- und nicht die Hundebesitzerin!

Aber wohl deswegen hat es mich immer wahnsinnig genervt, wenn ich auf meine Therapiehund-Überlegungen Reaktionen im Sinne von «Der arme Hund» bekam.

Tatsächlich haben wir bis jetzt keinen Hund angeschafft, aber nicht, um den armen Hund zu schonen, sondern weil ein Therapiehund extrem teuer ist und, wie jeder Hund, viel Arbeit verursacht. Na ja, und weil mein Mann sagt, er werde ausziehen, wenn noch ein Wesen bei uns ins Haus kommt, das nicht selbst auf die Toilette geht.

KÜHE

Eigentlich hätten wir für unseren Sohn ja auch besser eine Behinderten-Begleitkuh gebraucht. Im Kuhstall auf dem Bauernhof bemerkten wir zum ersten Mal die beruhigende Wirkung von Tieren auf Willi. Er war damals etwa drei Jahre alt und so vollkommen außer Rand und Band, dass er kaum eine Sekunde innehalten konnte. Es war wirklich schlimm, und oft musste er von uns angeschnallt werden, damit wir irgendwie mit ihm durch den Tag kamen. Doch vor diesen großen Tieren saß er endlich mal eine kleine Weile im Stroh oder beschränkte die Hinundher-Lauferei immerhin auf den Bereich des Stalls.

Leider gibt es aber keine stubenreinen Zwergkühe, wir hätten sonst sicher in unserer Verzweiflung sofort eine kleine Herde angeschafft.

Die Kühe auf dem Bauernhof, den wir besuchen, werden übrigens getötet, um ihr Fleisch zu verkaufen. Was der Bauer wohl für Briefe bekommt?

FISCHE

Als wir feststellten, dass Willi sehr gerne Fische betrachtet, bekam er zu seinem fünften Geburtstag ein Aquarium. Da Fische nicht direkt in die Wohnung machen und auch sonst nicht nerven, stimmte mein Mann zu. Ja, er wurde sogar zum Aquarium-Beauftragten und jammerte nur alle paar Wochen herum, wenn er es reinigen musste.

Willi verbrachte die ersten beiden Jahre tatsächlich viel Zeit vor seinem Aquarium. Eifrig lautierend scheuchte er die Guppys von einer Seite auf die andere. Da seine größte Freude die Bewegung der Fische war, stieß er gerne mit Wucht seine Stirn gegen das Glas und lachte dann, wenn die Tiere davonschwammen. Auch hier habe ich den Kommentar «die armen Fische» hören dürfen. Ich bin wohl wirklich eine Egoistin, aber weil es meinen Sohn glücklich machte, war es mir fast egal, ob sich da fünfzehn Guppys erschreckten – ich weiß, dass man so etwas eigentlich nicht laut sagen darf, aber ich bin nun mal einfach ehrlich.

Übrigens erschreckten die Fische sich schon ab der dritten inzestuösen Guppy-Generation nicht mehr, was mir ganz lieb war, denn Willi hatte bereits einen dauerhaft roten Fleck auf der Stirn und wir immer die Angst, eines Tages würde die Scheibe zerbrechen und sich siebzig Liter Wasser auf unser Bambusparkett ergießen.

Aber die Frage, warum ich eigentlich so selbstverständlich davon ausgehe, dass ein Mensch mehr wert ist als ein Guppy, beschäftigt mich seitdem doch, und ich meine das ganz im Ernst. In einem der Leserbriefe stand, dies sei der Beginn allen Übels des Nationalsozialismus gewesen, und da ist etwas dran! Die einen erklärten sich zur höheren

Rasse, die anderen wurden zu «Untermenschen», und ein Kind wie Willi sollte gar kein lebenswertes Wesen sein. Warum zertreten wir eine Ameise, spenden aber viele tausend Euro für rumänische Straßenhunde? Und wie kann es sein, dass es anscheinend mehr Solidarität mit rumänischen Hunden gibt als mit rumänischen Geflüchteten[4]?

Ob Willi für einen Nazi weniger wert wäre als ein Guppy? Und wenn ich ihn jetzt mit einem Guppy verglichen habe, wer wird mir dann böse Briefe schreiben? Behindertenverbände oder der Deutsche Fischschutzbund? Oder Nazis?

Irgendwann interessierte sich Willi nicht mehr für die Fische, und so verschenkten wir das Aquarium ein Jahr später. Ihm schien es gleichgültig.

LEBETIERE

Olivia interessierte sich nie so wie Willi für die Tiere auf dem Bauernhof oder die Fische im Aquarium. Dagegen zeigt sie, ganz anders als er, eine Vorliebe für Frösche, Molche, Heuschrecken oder Spinnen. Wenn ich wieder ganz ehrlich bin, werden diese Geschöpfe von ihr mit dem Kescher[5] oder den bloßen Händen gefangen und eine Wei-

---

4 Um potenziellen Leserbriefen zuvorzukommen, verwende ich absichtlich nicht das politisch unkorrekte Wort Flüchtling, da eine negative Konnotation durch den Diminutiv, der im Suffix -ling im Wortbildungsmuster steckt, deutlich enthalten ist. Im nächsten Buch schreibe ich vielleicht schon «Refugees», da sowohl das Wort «Flüchtling» als auch «Geflüchteter» die Flucht selbst in den Vordergrund stellt und nicht das Individuum.

5 Oder wie heißt das Ding richtig: Käscher, Ketscher, Cacher? Keine Ahnung.

le im Terrarium / Aquarium aufbewahrt – in deren Innenausstattung Olivia dann viel Mühe investiert.[6] In der Schule erzählte man ihr, ein echter Tierfreund dürfe einen Frosch nicht mit der Hand berühren, da er eine empfindliche Haut habe und davon sterben könne. Ich persönlich fürchte, dass heutzutage ohnehin viel zu wenige Kinder mal einen Frosch fangen und ohne wirklichen Kontakt mit der Natur auch eines Tages noch weniger bereit sein werden, sich auch mal einzuschränken, um sie zu schützen. Natürlich kann man bei YouTube ohne Ende Filmchen über Tiere sehen, aber wirklich eine Kreuzspinne zu beobachten, wie sie ihr Opfer einrollt und aussaugt, ist doch damit nicht vergleichbar.

Genau dabei hatten Olivia und ich einmal eine philosophische Unterhaltung über den natürlichen Kreislauf des Fressens und Gefressen-Werdens. Sie konnte sich nicht entscheiden, mit was die Spinne gefüttert werden sollte. Eine Kellerassel kam nicht infrage, da Papa ihr erzählt hatte, dass die Assel eine Art lebendes Fossil sei.[7] Auch einen Grashüpfer zu opfern kam ihr herzlos vor, deswegen sollte ich versuchen, im Wohnzimmer eine Fliege zu fangen. Olivia wunderte sich, dass sie es bei dem einen Tier in Ordnung fand, wenn die Spinne es fräße, bei dem anderen aber Mitleid hatte. Wir kamen dahinter, dass wir beide die Tiere schonten, denen wir uns «nahe» fühlen, aber durchaus ein

6 Sicher ist so ein Gefängnisaufenthalt – egal, wie hübsch es ausgestattet ist – für die Tiere keine Freude. Doch spätestens am Abend sind alle Tiere wieder frei!

7 Dabei ist die Landassel mit 65 Millionen Jahren sogar noch jung. Seit ich von Matthias weiß, dass Silberfischchen schon seit 300 Millionen Jahren auf der Erde existieren, habe ich kein einziges mehr nachts im Badezimmer zerdrückt ...

Tier, das uns lästig ist, wie eine Fliege, ohne schlechtes Gewissen töten. Uns beiden kam das falsch vor. Fliegen wurden aber weiterhin erschlagen, und Wurstbrot aßen wir auch beide weiter.

Trotzdem ist seit dieser Zeit Olivias schöner Satz «Aber alle Lebetiere sind doch unsere Freunde» bei uns zum Kult geworden.

Olivia trat ein in eine Phase größter Empathie mit Kleingetier. Ich durfte nicht mal mehr eine Ameise vom Küchentisch wischen, ohne dass sie in Tränen ausbrach und sich ausmalte, dass irgendwo zwei Ameiseneltern verzweifelt auf ihr Töchterlein warten würden ...

Wir spielten damals ständig Märchen nach. Dass der Jägersmann bei Schneewittchen ein Wildschwein tötete, um das Herz der bösen Königin zu übergeben, war für Olivia tatsächlich so lange noch in Ordnung gegangen, bis wir im Wildgehege eine Bache mit Frischlingen beobachteten. Dann kam sie in die Zwickmühle.

Sie grübelte laut, was der Jäger denn mal stattdessen töten könnte, wenn er auf der Suche nach einem «bösen» Tier war: «Er tötet einen Fuchs! Ach nein, ein Fuchs kann ja auch eine Mama sein und Junge haben, die dann traurig sind ... Ah, jetzt weiß ich! Er bringt der Königin das Herz einer Nacktschnecke!»

Darauf konnte ich mich ebenfalls sehr gut einlassen, denn diese ekligen Wesen hatten gerade all meine Kürbis- und Zucchinipflanzen vernichtet.

Wie gesagt, ich bin eine Egoistin.

TIERPARKS

Das einzige Insekten-Kriechtier, für das sich Willi jemals interessiert hat, ist die Raupe Nimmersatt. Aber die frisst ja auch Würstchen und Käse! Bei der ständigen Suche nach Beschäftigungsmöglichkeiten für ihn war – neben dem Vorlesen der *Kleinen Raupe Nimmersatt* – «Füttern» immer hoch im Kurs.[8] Der Besuch von Wildparks hat uns über so manches Wochenende gerettet.[9]

Olivia verdreht zwar die Augen, wenn sie hört, dass wir schon wieder in den Wildpark fahren, aber letztendlich weiß sie auch, dass Mama dann Zeit hat, mit ihr zu spielen, während Papa mit Willi am Zaun beim Rotwild steht, wo dieser einen Apfel nach dem anderen in die Hirsche steckt und sich freut. Außerdem gibt es Andenkenläden und Automaten – was für Olivia ein guter Grund ist, doch mitzukommen.

Mit Wildpark können wir einen ganzen, langen Sonntag gut herumbekommen, ohne einmal die Glotze einzuschalten – aber wehe, etwas stimmt nicht! Wenn die Ziegen satt sind oder die Rehe nicht an den Zaun kommen (und manchmal auch ganz ohne für uns ersichtlichen Grund), bricht eine unserer Willi-Katastrophen über uns hinein.

Genauso lange, wie er sonst mit Füttern beschäftigt ist, kann dann sein Wutanfall dauern – also *lange*. Wir nen-

8 Übrigens füttert Willi auch gerne Menschen. Wer bei uns am Tisch sitzt, muss sich beim Gähnen dringend die Hand vor den Mund halten, denn Willi steckt ihm sonst blitzschnell ein Stück von seinem angekauten Brot rein!

9 Natürlich ist die Existenz von Tierparks wieder ein Reizthema, das reichlich Diskussionsstoff bietet. Aber wenn man kaum weiß, wie man es schaffen soll, den Alltag mit seinem behinderten Kind zu bewältigen, stehen solche Fragen wohl einfach hintenan.

nen den Zustand Fütter-Tourette, in dem Willi weinend aus Zorn und Verzweiflung *alles* von sich wirft, schlägt und tritt. Egal, wie sehr wir versuchen, ihn zu trösten, es hilft nichts. Oft stehen ganze Trauben von Kindern um ihn herum, von Willi deutlich mehr beeindruckt als vom brunftenden Damhirsch auf der anderen Seite des Zaunes.

Kalte Herbsttage, an denen die Tiere nicht so funktionieren, wie Willi es wünscht, können dann die Hölle sein: Er schreit zwei Stunden am Block, schubst und haut uns und andere Kinder, wirft sich in die Pfützen am Boden und kackt sich dann am besten noch in die Windeln, die unter drei Schichten von Strumpf-, Jogging- und Regenhosen verborgen sind. Im Toilettenhaus sind es neun Grad, es ist eng, matschig, und es gibt kein warmes Wasser – und während mich Willi beim Wickeln förmlich verkloppt, kreischt Olivia durchgängig vor der Klotür, weil ich ihr nicht noch eine Stofftiereule kaufen will.

Selbsternannte Oberförster, die mich an solchen Tagen darauf aufmerksam machen, dass die Wildtiere Ruhe bräuchten, riskieren ihr Leben! Mein Gott, ich brauche *auch* mal Ruhe! Zum Glück ist zum Diskutieren dann keine Zeit, denn bei Worten wie «Dann können Sie eben mit so einem Kind einfach nicht hierhergehen» könnte ich nur noch in Tränen ausbrechen.

Manchmal kommt es mir so vor, als sei mit Willi eben *gar nichts* «einfach» und ganz besonders das *Nicht*-Hierhergehen nicht ...

KANINCHEN

Vor gut einem Jahr haben wir bei uns zu Hause einen neuen Tierversuch gestartet, nicht zuletzt, um nicht ständig in den Wildpark fahren zu müssen. Freunde hatten Kaninchennachwuchs gehabt und boten uns an zu testen, ob es mit Willi und den Hüpfern klappen könnte – sonst nähmen sie sie zurück in ihre Kolonie.[10] Über ebay-Kleinanzeigen kauften wir einen großen Stall, in den die drei puscheligen Kaninchengeschwister einzogen.

Da ich Angst hatte, wir würden die Kaninchen vielleicht nicht so lange bei uns behalten, versuchte ich, keine allzu große emotionale Bindung zu den Tieren aufzubauen. Ich nannte sie am Anfang lediglich «Fellbeutel»[11] und nicht bei ihren richtigen Namen: Alexandros, Bärbel und Hänsel & Gretel. Ein tolles Feature von Kaninchen (wie schon bei den Fischen): ihre absolute Lautlosigkeit! Ich musste Matthias nur noch versprechen, dass sie nie ins Haus kacken und wieder abgeschafft würden, wenn sie mehr Arbeit als Entlastung brächten. Die Tiere sollten Willi nützen, deshalb nannten wir sie ehrlicherweise Nutztiere.[12]

Tatsächlich amortisieren sich die Kaninchen voll. Willi

10 Aus einem meiner Schmähbriefe weiß ich, dass Tiere keine Gegenstände sind, die man einfach an- und abschaffen kann, und dass die Tierheime überfüllt sind mit Kleintieren, an denen Kinder das Interesse verloren haben. Deswegen fand *ich* diese Lösung eigentlich gerade gut. Rudolf W. dagegen spuckt deswegen vor mir aus ...

11 Was ich persönlich witzig fand, ist aber laut Briefschreiberin Frau W. der Versuch, «durch kaum mehr hinterfragte Bewusstseinstrübung das Bild vom Menschen als mächtigste Spezies aufrechtzuerhalten, indem ich nicht-menschliche Lebewesen verniedliche, degradiere und entwürdige».

12 Aber liebe Frau M., der Halter eines Nutztieres muss dieses doch trotzdem nicht zwangsweise für ein «seelenloses und rechtloses Wesen» halten!

geht nun nach der Schule sofort in den Garten und steckt ein Blatt nach dem anderen zu den Karnickels hinein. Es ist das tollste Steckspiel der Welt. Oft ist er beim Füttern zwanzig bis dreißig Minuten allein beschäftigt, das schafft hier sonst nur der Fernseher!

Ich kann mich danebensetzen und einen Kaffee trinken und muss nur ab und zu frischen Löwenzahn pflücken. Aber den Rücken kehren darf man Willi natürlich trotzdem nicht, und Kuchen essen darf man auf unserer Terrasse jetzt auch nicht mehr. Willi schließt nämlich auch von sich auf die Tiere und findet es fies, dass die Hasen nichts abbekommen – er drückt sein Stück Torte schneller durch die Gitter, als ich ein Glas Apfelsaft einschenken kann.[13]

Kaum bin ich mal außer Sichtweite, versucht Willi, die Kaninchen aus dem Stall zu holen oder selbst hineinzuklettern. Deswegen gleichen bei uns Stall und Außengehege so einer Art «Kaninchen-Guantanamo-Bay»[14]. Natürlich alles nur zu ihrem eigenen Schutz! Mit Leserbriefschreiberin Ulla H. bin ich übrigens nicht einig darüber, es als Tierquälerei einzuschätzen, dass die Kinder bei uns die Tiere nicht aus dem Gehege nehmen dürfen, um ihnen

13 Dies wäre eine klassische Stelle für einen Leserbrief, in dem man uns darauf hinweist, dass (und warum) Philadelphia-Torte für Kaninchen sehr schädlich ist und auch Kinder wie Willi lernen müssen, mit Tieren richtig umzugehen. Muss aber keiner schreiben, weil mir das natürlich selber klar ist. Deswegen wurde die Torte auch umgehend entfernt, und Willi hat die Höchststrafe bekommen: sofort ins Zimmer, kein Füttern mehr an dem Tag und auch kein Fernsehen!

14 Ich finde es übrigens interessant, dass sich über diesen Ausdruck Tier- und nicht etwa Menschenrechtler außerordentlich aufregten. Ich selbst finde den Vergleich eher menschen- als tierverachtend, vor allem, weil es ein Kaninchen wenig interessieren dürfte, ob zwanzig Riegel und Schlösser an den Gittern sind oder nicht. Unsere Häschen haben anscheinend eine größere Lobby als alle politischen Häftlinge von Guantanamo Bay zusammen.

durch «Kuscheleinheiten die Liebe zu geben, die sie brauchen». Willis Kuscheleinheiten sind definitiv nicht zwergkaninchenkompatibel, und wenn Olivia mit ihren Freundinnen die Kaninchen liebhat, tragen diese am Ende rosa Kleidchen und werden im Puppenwagen herumgefahren. Ich bin sicher, unsere Kaninchen sind am glücklichsten, wenn sie nur untereinander kuscheln.[15] Die Meinungen darüber, was «Tierliebe» bedeutet, gehen weit auseinander, genau wie über die Frage, was eine artgerechte Haltung wäre. Hier gebe ich den Tierbefreiungsaktivisten recht: Freiheit ist wohl die einzige wirklich artgerechte Haltung.

Apropos Freiheit: Ich bin nicht ganz sicher, wer geschickter ist – Willi beim Hineinkommen in den Stall oder die Fellbeutel beim Herauskommen. Auf jeden Fall habe ich, seit die Viecher[16] bei uns sind, schon viel, sehr viel Zeit mit Einfangen verbracht ... Aber wiederum laaange nicht so viel wie mein Sohn mit Füttern. Nur doof ist es, wenn die Tiere satt sind. Am Mittag, bevor Willi aus der Schule kommt, dürfen sie nicht gefüttert werden, um eine Fütter-Tourette seinerseits zu vermeiden. Das Geschrei würde den Tieren sicher mehr schaden als drei Stunden, in denen nur Heu und Gras zum Fressen zur Verfügung stehen.[17]

15 Warum Frau G. mir einen sehr empörten Brief schrieb, wie ich dazu käme, ein Kaninchen allein zu halten, da sie doch Gruppentiere seien, weiß ich leider nicht so recht.

16 Ja, ich weiß, man darf nicht «Viecher» (und schon gar nicht «Fellbeutel») sagen: «Diese lebensverachtenden Worte sind Gewalt gegen das Tier» und ein eindeutiges Zeichen für meinen «Speziesismus», also einer Unterdrückungsform parallel zum Sexismus, Rassismus und Klassismus. Der Speziesismus-Brief ist einer meiner schönsten!

17 Ja, ja, wieder ein Skandal: Kaninchen haben einen Stopfmagen, da muss immer nachgeschoben werden ... Aber dafür ist ja Heu im Stall, für wie

Ich wette, die Tiere beginnen schon zu speicheln, wenn sie Willis Schulbus hören, denn wenn er da ist, startet die große Frischfutter-Fressorgie. Die Kaninchen erkennen Willi: Sobald er auf der Terrasse erscheint, flitzen sie durch den Tunnel vom Außengehege in den Stall und hüpfen aufgeregt vor dem Gitter herum.[18] Trotzdem habe ich nicht die romantische Ansicht, dass die Kaninchen Willi «lieb» haben, sie sind schlichtweg darauf konditioniert, dass er ihnen Karotten, Löwenzahn und Kohlrabiblätter reinschiebt.

MENSCHEN

Teure Kaninchen-Nahrungsergänzung in Form von «Bio-Salbei mit Sanddornhonig» rangiert für mich übrigens auf derselben Stufe wie Regenbekleidung für Hunde und Katzen:[19] Ich halte sie für Blödsinn! Der Mensch kauft das Zeug letztendlich für sein eigenes Wohlbefinden, nicht für das der Tiere. Ich bleibe dabei, Tiere sind keine Menschen, und wenn wir das verwechseln, tun wir ihnen gar keinen Gefallen damit.

Aber mein Vorsatz, die Fellbeutel nicht zu sehr ins Herz zu schließen, ist auf ganzer Linie gescheitert. Ich er-

blöde halten einen die Leute eigentlich? Willi scheint übrigens auch einen Stopfmagen zu haben, aber es ruft trotzdem keiner das Jugendamt, wenn er von mir vor dem Mittag nichts zum Naschen bekommt, oder?

18 Die Annahme von Günther R., sie täten das aus lauter Angst, halte ich für definitiv anthropomorphisierend und scheint mir ein Rückschluss seiner eigenen Gefühle zu sein. Wenn unsere Kaninchen Angst haben, ziehen sie sich in ihre Schlafhöhle zurück.

19 Bei einer Google-Suche «Regenbekleidung für Hunde und Katzen» habe ich 233.000 Ergebnisse.

tappe mich ständig dabei, wie ich mit ihnen rede und mich mit meinem Kaffee immer so hinsetze, dass ich sie gut betrachten kann. Sogar nachts, wenn ich aufwache, gehe ich kurz ans Fenster, um mich daran zu erfreuen, wie sie dort im Garten auf ihrem Teletubby-Berg sitzen. Dass ich ihnen einen albernen Namen gegeben habe, ist eigentlich eher ein Zeichen meiner Zuwendung. Wenn man bedenkt, wie unsere Kinder manchmal von uns bezeichnet werden, ist das sogar noch harmlos.[20]

Ich glaube, die Tiere haben ein gutes Leben bei uns. Aber ich weiß auch, dass alle Tiere im Prinzip lieber frei wären. Und wenn es darum geht, wem die Kaninchen «gehören», erkläre ich Olivia, dass sie nur sich selber gehören. Doch Haustiere existieren letztlich ja nur, weil Menschen sie zu bestimmten Zwecken gezüchtet haben. Was sollte wohl mit allen Haustierarten und Rassen passieren, wenn wir mit jeglicher Nutzung von Tieren aufhören? Lassen wir sie aussterben? Ich habe die radikalen Briefschreiber lieber nicht danach gefragt, denn bei ihnen stimmt einfach die Verhältnismäßigkeit der Mittel nicht, als dass man einen Dialog führen könnte. Eigentlich schade, denn so kann man den dringend notwendigen gesellschaftlichen Dialog zum Thema «Massentierhaltung» nicht führen. Diese Tierschutz-Talibane bedrohen ja sogar Vereine, die sich für artgerechte Nutztierhaltung einsetzen!

20 Letztens wollte Willi unbedingt zum Bauernhof. Er saß im Bollerwagen und hatte einen Tobsuchtsanfall, da wir einen anderen Weg gehen mussten als sonst – wegen einer gesperrten U-Bahnbrücke. Einige Nachbarn standen am Weg und schauten uns fragend an. Mein Mann, der in dem Moment schon von liebevoll mitfühlend über angestrengt zu genervt und wütend in den wieder entspannten Galgenhumor-Zustand übergegangen war, sagte im Vorbeigehen munter: «Alles okay, wir führen nur unseren Zombie aus.»

Es tut mir tatsächlich leid, dass ich meinen ersten Text über Willi und seine Kaninchen in einem so flapsigen Tonfall geschrieben hatte.[21] Manche Menschen verstehen bei Tieren keinen Spaß, und letztendlich ist das angebracht. Was ich ursprünglich aufzeigen wollte, ist die Schizophrenie der selbst ernannten «Tierfreunde», die «Arme Kaninchen!» rufen, weil Willi eine Handvoll Sand in den Hasenstall wirft, die aber am Tag 500 Gramm Billigfleisch verzehren, ohne dieses überhaupt mit einem Lebewesen in Verbindung zu bringen!

Ich wünschte, ich hätte den Gebrauchskaninchen-Text nie geschrieben, denn dann könnte ich das Wort «Tierschützer» heute ohne Sarkasmus aussprechen.

Außerdem haben diese Tier-Nazis dafür gesorgt, dass wir durch die Kaninchen dann doch noch ein Fäkalienproblem im Haus bekommen haben, wenn auch in Form eines Shitstorms und nicht durch Hasenknödel. Hasenscheiße wäre mir lieber gewesen.

Meine Haltung zu Tieren zu kritisieren steht jedem frei, aber ich weiß überhaupt nicht, was das mit dem Lebensrecht meines behinderten Kindes zu tun hat! Ich möchte das hier nicht zitieren, es ist zu beschämend für meine eigene Spezies. Diese Art der Aggression hat mir wirklich Angst gemacht, und wochenlang bin ich nicht ans Telefon gegangen. Eine kluge Freundin sagte zu der ganzen Sache: «Sau läuft durchs Dorf ... Und morgen isse wieder weg.»

Irgendwie hatte sie damit recht, und wahrscheinlich bekomme ich diesmal keinen einzigen Leserbrief, denn ein

---

21 Mein Gott, ich fürchte, dieser ist vielleicht gar nicht besser!

Shitstorm ist wohl ein reines Internet-Phänomen, und viele Briefschreiber waren lediglich einem Aufruf gefolgt, uns zu beschimpfen, ohne überhaupt meinen Text gelesen zu haben.

Ein bisschen schade fand ich nur, dass keiner vom Tierschutzbund bei uns vorbeigekommen ist, wo man uns angeblich vielfach angezeigt hatte, denn ich wäre stolz gewesen, unsere Kaninchen-Parkresidenz zu zeigen, die Opa Horst mittlerweile gebaut hat (sie ist sogar 100 Prozent aus- und einbruchsicher).

Nur für Willis Blasmusik[22] hätten wir sicher einen Minuspunkt bei der artgerechten Haltung bekommen, aber mit mir ist das Leben auch nicht immer gerecht, besonders in Sachen Blasmusik!

---

22 Und bitte keine Angst – ich weiß, dass die Tiere ein empfindliches Gehör haben, und wir haben extra ein neues Gerät gekauft, damit wir die maximale Lautstärke festsetzen können. Schon wegen der Nachbarn.

Stiftung
Willitest

100%
Williproof

V

Ich denke, es ist ein Gerücht, dass sich unsere Welt durch die exzessive Nutzung von Mobiltelefonen verschnellert hat. Ich erlebe sogar das genaue Gegenteil: Um bei einer Verabredung auf keinen Fall irgendwo zehn Minuten ineffektiv herumzuwarten, telefoniert man miteinander, um zu verabreden, dass man telefoniert, wenn einer am Treffpunkt angekommen ist. Leider verbringe ich meine Anfahrt in der U-Bahn dann ebenfalls hocheffizient mit einem Telefonat, was dazu führt, dass ich aus Versehen in die falsche Bahn umsteige und in einem Funkloch lande. Endlich doch am Treffpunkt angekommen und am Ende meines Gesprächs sehe ich, dass ich mehrere Anrufe auf der Mailbox habe, die ich nun wiederum erst mal abhören muss, wobei ich feststelle, dass der andere schon da war, mich aber nicht erreicht hat und deswegen kurz zum *Media Markt* gegangen ist – ich soll anrufen, wenn ich dort bin. Jetzt muss ich aber erst mal googeln, in welche Richtung ich zum *Media Markt* am Hauptbahnhof rausmuss, und mich vom Handy navigieren lassen. Weil auch die Leute um mich herum alle auf ihre Telefone starren, werde ich ständig angerempelt. Und als ich endlich weiß, wo ich lang muss, kann ich mich nicht beeilen, denn alle Leute um mich herum gehen gebeugt und ganz, ganz langsam, denn sie sind entweder alt oder schauen auf ihr Smartphone! Ich bin also zu dem Schluss gekommen, dass Handys die Welt eindeutig verlangsamen. Was soll eigentlich passieren, wenn die ganzen Handy-Zombies von heute in Zukunft auch noch alt geworden sind? Dann geht nix mehr!

Auch Willi entschleunigt die Welt, aber auf eine schönere Weise – finde ich wenigstens. Er hasst es, wenn sich jemand ein Telefon vors Gesicht hält, und schlägt es in der Regel aus der Hand. Augenkontakt ist etwas extrem Wichtiges für ihn; ohne einen echten Blick in die Augen ist es schwierig, mit ihm zu kommunizieren. Und ein Blick in Willis Augen lohnt sich immer, denn sie strahlen so schön!

Durch Willi und den Umgang mit anderen behinderten Erdenbürgern habe ich gelernt, offener auf Menschen zuzugehen, klarer zu kommunizieren und mich achtsamer zu verhalten. Die Regeln im achtsamen Umgang miteinander sind simpel und unterscheiden sich letztendlich nicht bei Menschen mit oder ohne Beeinträchtigung. Und doch scheint selbst mancher hochqualifizierte Akademiker, dessen Berufsfeld der Mensch ist, sie nicht zu kennen – gerade neulich steckte ein Arzt Willi ohne Vorwarnung von hinten eine Gerätschaft ins Ohr! Das wäre sicher für jeden Patienten ein unangenehmer Übergriff. Ich hoffe, dieser Arzt wird das nun begriffen haben, nachdem Willi wütend sein Otoskop an die Wand geschleudert hat. Und untersuchen ließ er sich dann nicht mehr.

Wenn ich ein Training für Manager machen müsste, würde ich sie für ein Wochenende in eine Wohngruppe mit geistig behinderten Menschen einquartieren. Komisch, dass systematisch in die Abschaffung von Menschen mit Behinderungen investiert wird, wo wir doch so viel von ihnen lernen könnten. Haben Sie mal einen Menschen mit Down-Syndrom im Service erlebt? Da könnte sich so manche Kellnerin eine große Scheibe Liebenswürdigkeit und Humor abschneiden! Und ich wage sogar die Behauptung, dass man seinen Kaffee in weniger Zeit in den Händen hält, als es für mich dauert, bei gewissen Ketten die Tafeln mit den Produkten, Größen und das Monatsspecial des Extra-Espresso-Shots zu durchschauen.

Leider finden trotzdem viele behinderte Menschen keine Ausbildungs- oder Arbeitsplätze am normalen Markt, dem sogenannten ersten Arbeitsmarkt. Manchmal frage ich mich, was die ganze schulische Inklusion soll, wenn am Ende doch alle in derselben Werkstatt hocken.

Für Willi muss aber der Job am ersten Arbeitsmarkt erst noch erfunden werden. Er könnte auf jeden Fall ein guter Lachyogatherapeut werden – allerdings nur an den guten Tagen. An den schlechten Tagen müsste es eine Schreitherapie sein. Er könnte aber auch eine Top-Testperson sein für hirnlose Pop- oder Volksmusik: Was Willi auf Anhieb mag, wird auch Millionen anderen gefallen (außer es ist ein Blasorchester, dann gefällt es oft nur ihm). Ansonsten frage ich mal bei einer IKEA-Filiale an, ob Willi nicht eine Tätigkeit übernehmen könnte, die sonst von einer Maschine ausgeführt wird: nämlich durch ständiges Aufreißen und Schließen der Schubladen deren Langlebigkeit zu testen. Dafür ist Willi auf jeden Fall qualifiziert. Damit er nicht wegläuft, müsste er aber wohl ebenfalls in dem Plexiglaskasten sitzen, wo jetzt diese Maschine steht.

Überhaupt könnte Willi als Produkttester gute Dienste leisten, ich stelle mir da ein ganz eigenes Qualitätssiegel vor: «100 % Williproof – von der Stiftung Willitest»! Oder er könnte eben einfach als Welt-Entschleuniger dienen. Ich kann ihn nur empfehlen – mehr als mein Smartphone.

Action Painting

Künstler: Willi
Titel: Unbekannt
Technik: Penaten-Creme auf Glasscheibe

Das Werk entstand während einer Performance im Jahr 2014 im Rahmen eines seit 2007 stattfindenden Dauer-happenings des Künstlers. Das Original ist leider nicht erhalten.

Ich weiß ja nicht, ob es allen Eltern so geht wie mir, aber wenn sich meine Kinder selbst beschäftigen, sind das heilige Momente für mich! Es ist mir dann fast egal, was sie gerade tun, ich lasse sie einfach machen – wenn es sich nicht gerade wieder um den Bau einer Rutschbahn im Bad mit der teuren Hautlotion handelt. Oft tue ich so, als hätte ich nicht bemerkt, was die Kinder treiben, einfach nur, um sie mal eine Weile ohne mein Zutun beschäftigt zu wissen und dabei etwas Zeit zu gewinnen.

Zeitgewinn scheint mein größtes Bestreben zu sein: Zeit, um schnell eine SMS zu schreiben, um eilig etwas aufzuräumen, zu putzen oder einen Brief zu öffnen. Es sind oft nur wenige Minuten. Selbst die kleinste Handlung unterbreche ich meist mehrmals, weil sich das Zeitfenster, das sich kurz aufgetan hat, schon wieder schließt. Aber ich denke, ich muss jede Sekunde nutzen, damit das fragile Gesamtgefüge von Familie, Haushalt und Arbeit nicht auseinanderfällt. Sobald die Kinder irgendwie beschäftigt sind, beginne ich wie irre zu rödeln, um diese Zeit *unbedingt* effektiv zu nutzen.

Ich würde zu gern mal eine Studie machen, um zu sehen, wie effizient diese Taktik eigentlich ist. Zum Beispiel lasse ich Willi unten mit einer Packung Salzstangen spielen, um währenddessen das obere Stockwerk zu saugen – aber ich fürchte, dass die Beseitigung des so entstandenen

Chaos nicht weniger Zeit braucht, als ich dabei gewonnen habe. Meist ist es sogar ein Minusgeschäft! Trotzdem falle ich immer wieder darauf rein und denke, dass ich am Ende einen zeitlichen Nutzen davon habe, wenn ich so tue, als hätte ich es nicht bemerkt, dass Olivia beim Malen auf einem großen Blatt angefangen hat, die Tuben zu leeren und die Farbe mit Händen, Füßen und dem Hintern zu verteilen, während ich oben in meinem Zimmer eine wichtige E-Mail beantworte. Neulich habe ich Willi seinen gesamten Kleiderschrank ausräumen lassen, um in der Zeit Wäsche zusammenzulegen. Deutlicher konnte mir der Irrwitz meiner Pseudo-Effektivität gar nicht vor Augen geführt werden!

Auch Willis Kirschkernbad, das wir jahrelang im Haus hatten und als Therapie gedacht war (eine riesige Holzkiste, gefüllt mit 60 Kilo Kirschkernen, die die Körperwahrnehmung und überhaupt irgendwie alles fördern sollten), ist immer eher eine Therapie für mich gewesen (nämlich Beschäftigungstherapie). Der einzige echte Spaß, den Willi damit hatte, war der, die Kirschkerne bergeweise herauszuwerfen und sie dann in jeder Ritze seines Zimmers zu verteilen.

Na ja, das stimmt nicht ganz, es hat ihm auch viel Spaß gemacht, die Kirschkerne durch die (aus gutem Grund) winzige Futteröffnung in sein Aquarium zu stecken. Damit hat er sich wirklich auch mal länger beschäftigt, sodass ich in der Zwischenzeit die Spülmaschine aus- und wieder einräumen konnte. Aber fischen Sie mal aus einem Aquarium Kirschkerne heraus, die zwischen kleinen Kieselsteinen liegen! In der Zeit hätte ich das Geschirr genauso gut mit der Hand abwaschen, abtrocknen und in die Schränke räumen können.

Aber es geht mir wohl auch nicht nur um Effizienz, sondern ich will eben einfach manchmal etwas allein tun – und meine Kinder sollen das auch dürfen.

Und ganz langsam beginne ich zu begreifen: Zeitsparen ist gut, aber Nervensparen ist wahrscheinlich noch wichtiger. Deswegen tue ich zwar weiterhin so, als würde ich den Blödsinn nicht bemerken, den meine Kinder anstellen, aber ich setze mich währenddessen lieber öfter mal hin und trinke in Ruhe einen Kaffee und freue mich über die kleine Pause, bevor es dann wieder losgeht mit der Katastrophenbewältigung.

ALLES GANZ NORMAL EIGENTLICH

«Genieß die Zeit, es geht so schnell vorbei!» Diesen mahnenden Satz habe ich oft gehört, als Willi geboren wurde. Ich habe mich damals nicht getraut, laut zu sagen, dass es mein größter Wunsch war, die Zeit möge bitte möglichst schnell vorbeigehen. Ich hatte das Gefühl, dass mit mir als Mutter etwas nicht stimme. Aber welches der vielen Probleme mit meinem schwerbehinderten Baby sollte ich denn ganz besonders genießen? Wenn ich ehrlich bin, habe ich auch die Säuglingszeit mit meinem zweiten (ganz normalen) Kind nicht besonders genossen. Ich war einfach zu erschöpft.

Deswegen kann ich auch dem Satz «Kleine Kinder, kleine Sorgen, große Kinder, große Sorgen» bis jetzt überhaupt nicht zustimmen. Bei uns wird Jahr für Jahr alles etwas einfacher, und ich kann das Muttersein heute viel mehr genießen als in der Baby- oder Kleinkinderzeit. Olivia ist nun ein Schulkind und wird selbstständig – ich finde das großartig. Sie geht jetzt manchmal einkaufen (mit selbst geschriebenem Einkaufszettel), und sie kann allein zur Schule gehen. Alles Dinge, die ihr großer Bruder wohl niemals können wird. Aber auch Willi scheint sich immer besser auf unserem Planeten zurechtzufinden. Er kann sich mehr mitteilen, ab und zu Regeln einhalten und hat seine ewige Rastlosigkeit verloren. Er sitzt mit mir am Tisch, und wir puzzeln zusammen 69 Teile – ich genieße das. Hätte mir jemand vor ein paar Jahren gesagt, mein Sohn würde sich eines Tages für Puzzles interessieren, ich hätte ihn für mindestens so verrückt gehalten wie Willi selbst. Ich konnte mir ja nicht mal vorstellen, dass Willi überhaupt jemals ohne Anschnallgurt an einem Tisch sitzen bleiben würde, und noch weniger, dass er damit aufhören würde, das Essen sofort vom Teller zu kippen, oder sogar einen Löffel für den Kartoffelbrei benutzen wird.

Ich bin sehr froh, dass die Zeiten, in denen ich buchstäblich die Minuten gezählt habe, bis meine Kinder schlafen, vorbei sind. Dafür rast die Zeit jetzt jeden Morgen unendlich schnell, in der meine Tochter sich eben mal schnell anziehen und ein Brot essen müsste. Genießen kann ich das auch nicht, da ich mir vorkomme wie eine «Sisyphos-Sklaventreiberin», während Olivia vor sich hin träumt und an allem herumfummelt, was ihr irgendwie ins Sichtfeld kommt. Auch hier freue ich mich auf den nächsten Entwicklungsschritt. Die meisten nicht behinderten Kinder ziehen sich ja wohl irgendwann allein an, oder?

Vielleicht rührt mein Wunsch nach Selbstständigkeit daher, dass ich durch Willi ganz sicher keine Angst haben muss, dass meine Kinder bald vollkommen unabhängig von mir sind. Für mich darf die Entwicklung gerne fix vorangehen. Auch wenn man so etwas nicht zugeben darf, aber ich mag sogar den Gedanken, dass meine Kinder irgendwann ausziehen werden. Mal abwarten, wie's dann wirklich ist.

Mit Willi war ich vor Kurzem wegen seiner massiven «Verhaltensunangepasstheit» drei Wochen lang in einer Sozialpädiatrischen Klinik. Dort wurde diagnostiziert, dass mein Sohn lediglich entwicklungstechnisch die Trotzphase erreicht habe, sein Verhalten sei also ganz normal. Mir ist zwar nicht klar, wie lange eine Phase andauern darf, bis man es Zustand nennen muss, aber wir müssen da jetzt einfach durch, wie alle Eltern – aber genießen kann das wohl keiner. Mir bleibt nur zu hoffen, dass die Trotzphase vorbei ist, wenn die Pubertät beginnt, sonst muss ich leider durchdrehen.

Ich habe einmal einen Bericht gesehen, in dem eine Mutter über das Leben mit ihrem Sohn mit Down-Syndrom befragt wurde. Sie zuckte die Schultern und sagte: «Es war immer alles ganz normal eigentlich.» Nebenan hörte man jemanden auf ein Schlagzeug dreschen. Sie sprang auf und brüllte in das Zimmer ihres Sohnes, dass er doch jetzt bitte etwas leiser sein sollte. Dann ließ sie sich müde zurück aufs Sofa fallen und seufzte: «Nur jetzt mit der Pubertät, da ist es wirklich schlimm!»

In meinem Kopf ergänzte ich: Also alles ganz normal eigentlich …

Manchmal werde ich gefragt, ob ich mir schon Gedanken darüber mache, was aus Willi einmal beruflich werden soll – oder ob er wohl irgendwann mal ausziehen wird. Ehrlich gesagt, mache ich mir darüber noch nicht allzu viele Gedanken. Nur eines ist klar: Für immer bei uns wohnen soll er nicht. Aber ob er nun mit achtzehn in eine Wohngruppe zieht oder wir ihn erst mit fünfundzwanzig «rauswerfen», das weiß ich doch heute noch nicht – er ist ja erst acht Jahre alt! Bei seiner kleinen Schwester ohne Behinderung kann ich jetzt auch noch nichts darüber sagen, wann oder wohin sie mal ziehen wird und was wohl ein guter Beruf für sie sein könnte. Wie lange Willi bei uns lebt, wird sicher auch davon abhängen, wie lange wir durchhalten – manchmal hätte ich gerne so eine Art Kalender, an dem ich jeden Abend ein Blatt abreißen kann, nach dem Motto: Wieder einen Tag geschafft! Aber wenn dann noch 3.650 Blätter dahinterkleben, ist das auch nicht sehr motivierend.

Aber vielleicht bin ich in zehn Jahren ja eine echte Glucke geworden und will gar nicht mehr, dass meine Kinder ausziehen. Das kann ich mir momentan allerdings nicht vorstellen. Mehr als an die Auszieh-Zukunft der Kinder denke ich darüber nach, was ich alles machen werde, wenn sie aus dem Haus sind. Da ich in den letzten Jahren eine Menge neuer Fähigkeiten durchs Muttersein hinzugewonnen habe, könnten mir beruflich ganz neue Wege offenstehen.

Ich muss zurzeit neben meiner eigenen Berufstätigkeit so viele Dinge des Familienalltags gleichzeitig im Kopf haben, die sich ständig kompliziert gegenseitig bedingen und sich durch die unberechenbaren und irrwitzigen Arbeitszeiten meines Mannes, das unkontrollierbare Verhalten meiner Kinder und andere höhere Gewalten ständig im Fluss befinden. Und all das, während in der Regel zwei Kinder gleichzeitig an mir zerren, wovon die eine pausenlos auf mich einredet, während der andere laut schreit und Blödsinn anstellt und ich am Telefon in der Warteschlange der Krankenkasse hänge und nebenbei koche. Ich bin ganz sicher fit für einen hohen Managerposten bei VW oder beim Bau des Berliner Flughafens! Ein größeres Irrenhaus als das unsere kann das auch nicht sein – und möglicherweise hätte ich dort nachts keine sieben Tage Rufbereitschaft. Und die Vorstellung, dafür dann auch noch vollkommen unangemessen hoch bezahlt zu werden, finde ich sehr reizvoll.

Ich habe mich oft gefragt, warum nicht die hardcoreorganisationserprobten Multitasking-Mamas in der Wirtschaft alle Spitzenposten besetzen. Aber eigentlich ist es klar, warum das nicht so ist: Sie werden zu Hause dringender gebraucht, und wenn die Kinder irgendwann ausgezogen sind, haben sie keinen Bock mehr darauf. Jetzt, wo mein Mann und ich so hochqualifizierte Behinderteneltern sind, könnten wir natürlich auch Therapeuten oder Betreuer werden oder so, aber dazu hat dann sicher auch keiner von uns mehr Lust. Letztendlich sehe ich unsere besten beruflichen Chancen im Personenschutz. Wir sind ein perfekt eingespieltes Team – mit einem Blick und ein paar Gebärden können wir uns aus weiter Entfernung ohne Funkverbindung selbst in größeren Menschenmengen über sich nähernde Gefahren austauschen (zum Beispiel Hund von links! Willi wird ihm gleich die Wurst des Mannes rechts zuwerfen), ohne dabei unsere Zielperson aus den Augen zu lassen.

In Wirklichkeit werde ich aber einfach erst mal ein Jahr lang nur schlafen, wenn meine Kinder ausgezogen sind, oder auch zwei Jahre – mal schauen.

Neulich wurde Olivia gefragt, ob sie später Kinder haben wolle. Sie antwortete spontan, dass sie gerne zwei Kinder hätte: eines behindert und eines nicht. Auf die Frage, ob das Kind eine bestimmte Behinderung haben sollte, sagte sie, das sei egal, Rollstuhl sei auch egal, nur müsste es sprechen können.

Mich hat das sehr gerührt und zugleich ein wenig traurig gemacht. Nicht sprechen zu können ist tatsächlich die Einschränkung, unter der Willi (und offensichtlich auch seine Schwester) am meisten leidet. Wer nicht sprechen kann, muss einfach oft schreien. Es war auch schon immer mein wunder Punkt in der Angst um Willis Entwicklung. Und Sprüche wie «Sei doch froh, dass er nicht spricht! Was meinst du, wie es nervt, dass mein Sohn den ganzen Tag quatscht» konnte ich nie lustig finden.

Ich schreibe gerne Listen. Auf einer Liste notiere ich mir besonders schöne Sachen, die Olivia gesagt hat. Darauf stehen – neben ihrem Kinderwunsch – auch Aussagen wie: «Papa, dein Kopf schaut durch die Haare.» Als kleines Kind sagte sie «langsamzieren» statt «balancieren», und sie dachte, es heiße «Einhörnchen» statt «Eichhörnchen». Einmal stürzte sie mit dem Laufrad und schluchzte laut, sie habe einen «Umfall» gehabt! Auch hängt von ihr ein Bild an meiner Wand, auf dem sie drei Formen gezeichnet hat. Noch heute sehe ich Olivia vor mir, wie sie aus dem

Kindergarten kommt, mir begeistert das Blatt überreicht und sagt: «Guck mal, ich habe heute ein Würstchen und zwei Föns gemalt!» Ohne diesen überragenden Titel wäre das Kunstwerk wahrscheinlich schnell im Müll gelandet.

Von Willi gibt es so eine Liste nicht und nur eine einzige Stilblüte: An Silvester standen wir am Fenster, und er freute sich inbrünstig über jede Rakete. Aus Quatsch nannten wir den Funkenregen «Glitzer-Popitzer», worauf Willi bei jeder Rakete begeistert die Gebärde für Pizza machte.

Eine weitere große Freude bescherte er mir gerade neulich. Ich saß mit ihm am Tisch und trank aus meinem Star-Wars-Becher, den ein Bild von Meister Yoda ziert. Willi blickte das grüne Wesen interessiert an, und ich fragte ihn: «Willi, was ist das?» Daraufhin griff er zu seinem Sprechcomputer und sagte ohne zu zögern: «Schaf!» Das war witzig.

Ach, ich wünschte, ich könnte viel öfter erfahren, wie Willi die Welt sieht. Wir hätten es hier noch viel lustiger und sicher auch etwas einfacher.

Ich habe vor Jahren begonnen, eine Liste zu schreiben, in welchen Fällen wir wohl froh sein können, dass unser Kind *nicht* sprechen kann. Es stehen nur drei Sachen drauf:

1. Willi kann im Kindergarten nicht erzählen, dass er nachts Durchfall hatte.
2. Er kann nicht Dinge sagen wie: «Papa, dein Kopf schaut durch die Haare.»
3. Er kann in der Schule nicht erzählen, dass Papa ihm den Finger hinhält, «Zieh mal» sagt und dann laut pupst.

Die «Vorteilsliste», die es gäbe, wenn ein Kind spricht, könnte unendlich lang sein – und ich habe sie deshalb gar nicht geschrieben. Ein sicherer Vorteil am Sprechenkönnen ist auf jeden Fall, dass man nicht im hohen Bogen von der Schaukel fliegt, wenn man versucht, mit Gebärden etwas zu sagen. Mir tut Willi leid – so oft wird er nicht verstanden, und auch wir rätseln oft herum, was seine Laut- oder Handzeichen bedeuten oder warum er weint und schreit.

Natürlich ist es auch mit Olivia anstrengend, wenn ich mich mal kurz auf etwas konzentrieren muss und sie mich dabei durchgängig vollsabbelt, nur unterbrochen von der stereotypen Aufforderung: «Mama, guck mal! Jetzt guck doch mal! Du hast ja gar nicht geguckt!» Aber nie im Leben würde ich das wegtauschen. Deswegen bin ich immer etwas neidisch auf jene Kinder mit Down-Syndrom, die sprechen können. Was für eine lange Liste könnte ich dann mit Willis Worten schreiben und mich daran erfreuen! Andere Eltern erzählen schon auch mal davon, dass es Schwierigkeiten mit sich bringt, weil ihr Kind sehr deutlich sprechen kann – der eine zeigt zum Beispiel seit dem Aufklärungsunterricht auf jede schwangere Frau und ruft laut: «Iiiii, Sex gemacht!»

Vor einiger Zeit habe ich in einem Elternforum eine Geschichte gelesen, die ich so lustig finde, dass ich sie hier auch noch erzählen möchte: Ein Junge mit Down-Syndrom ging mit seiner Mutter zum Friseur. Genussvoll ließ er alles mit sich geschehen, bekam aber am Ende, als die Friseurin sagte, sie sei fertig, einen cholerischen Anfall. Auf die Frage, was denn falsch sei, antwortete er vollkommen empört: «Ich wollte Gelb – wie Helene Fischer!»

Vielleicht ist das der Grund, warum Willi so sehr weint, wenn wir ihm die Haare schneiden. Vielleicht will er Gelb – und wir wissen es nicht, er kann es ja leider nicht sagen.

Die einzige Therapie, die ich unbedingt mit Willi machen möchte: Delfintherapie!

Wächst Gras wirklich schneller, wenn man daran zieht? Oder reißt es irgendwann einfach ab? Wie ich beim Versuch, eine perfekte Mutter zu sein, eine schlimme Therapieverkrampfung erlitt ...

Wer ein Kind mit Down-Syndrom (oder irgendeiner anderen Behinderung) bekommt, hört am Anfang immer wieder dieselben Phrasen. Eine davon lautet sinngemäß: «Solche Kinder *können heute ja so viel lernen*» – aber natürlich nur bei guter Förderung!

Als frisch gebackene Behindertenmutter hörte ich solche Worte gern und begriff nicht, dass ich mich und mein Kind damit direkt in die Hände der Leistungsgesellschaft übergab. Ich nahm meine Rolle als Willis persönliche Entwicklungsmanagerin umgehend an, ja, ich war sogar froh, das Gefühl zu haben, dass ich etwas tun konnte – so war ich der Situation, ein behindertes Kind zu haben, nicht machtlos ausgeliefert. Ich war fest entschlossen, mein Kind maximal zu fördern und der Welt bald den perfekten *Vorzeigebehinderten* zu präsentieren – seht alle her, was man erreichen kann: So fit kann heute ein Kind mit Down-Syndrom werden!

Ich war überzeugt, gegen Willis Behinderung antherapieren zu können und sie, wenn möglich, auszugleichen. Würde ich mich genug anstrengen und einfach doppelt so viel mit Willi üben, müssten rein rechnerisch die fünfzig Prozent langsamere Entwicklung aufgehoben werden können. Mein Baby zu stillen, so hatte ich in einer Broschüre gelesen, sei das optimale Training für seine Mundmotorik. Aber wie verzweifelt ich mich auch bemühte: Bei meinem Kind klappte es einfach trotzdem nicht ... Was man dann tun sollte, stand in der Broschüre leider nicht.

VOJTA

Auch meine erste Erfahrung mit Therapie ließ mich grundsätzlich an der Umsetzbarkeit meines voll optimierten Fördervorhabens zweifeln: Krankengymnastik nach Vojta.

Willi war erst ein paar Wochen alt und litt unter schweren gesundheitlichen Komplikationen. Wir lebten im Krankenhaus, und es tauchte eine Physiotherapeutin auf, um mit Willi zu «vojtern». Ich fürchte, der tschechische Arzt, der sich diese Therapie ausgedacht hat, muss ein Sadist gewesen sein! Man legt das entkleidete Kind vor sich hin, fixiert es in einer bestimmten Stellung durch einen Haltegriff, um es dann unter Tränen (von Mutter und Kind) durch das Drücken spezieller Punkte in ein Bewegungsmuster zu zwingen. Der Ausdruck «mit dem Kind vojtern» ist demnach eigentlich falsch, denn das Kind wird «gevojtert»!

Das Ganze sollte ich mit Willi drei- bis viermal täglich machen. Laut Therapeutin weinte mein Kind dabei nicht aus Schmerz, sondern nur aus Wut oder aufgrund der großen Anstrengung. Für mich (und wahrscheinlich auch für Willi) war diese Prozedur ein Graus, aber ich wollte das

Beste für mein Kind tun, und man versprach mir, es würde seine Muskulatur stärken und könne so selbst trinken lernen – also versuchte ich es.

Sooft es möglich war, zog ich dann mein winziges, krankes, mit Schläuchen beklebtes Baby aus und quälte es dort unter der Wärmelampe auf einer Wickelunterlage. «Sooft wie möglich» bedeutete: wenn ich nicht gerade mit Willi inhalierte oder erfolglos versuchte, ihn zu stillen, ihn sondierte oder meine Muttermilch abpumpte oder Trachealsekret absaugte, Stomapflege machte, ihm Medikamente gab oder stundenlang mit ihm auf einem Krankenhausflur saß und auf eine Untersuchung wartete.

Ich hatte kein Gefühl dafür, was gut für mich oder mein Kind war. Heute weiß ich: Es war kein Argument, dass Willi bei der Therapie angeblich keine Schmerzen gehabt hat, denn «nur Wut» auf seine eigene Mutter zu empfinden kommt mir nicht viel besser vor. Das Vojta-Turnen war auf jeden Fall ein großer Baustein der vielen Dinge, die mich gleich am Anfang meiner Zeit mit Willi in eine Überlastungsdepression führten.

Wenn mein Mann zu uns ins Krankenhaus kam, hatte er den natürlichen Wunsch, einfach bei uns zu sitzen und sein Kind und seine Frau in den Armen zu halten. Von Vojta-Griffen und Inhalationsgeräten wollte er nichts wissen. Ich war frustriert und fühlte mich mit der Verantwortung für Willi alleingelassen. Ich habe es an *keinem* einzigen Tag geschafft, wirklich dreimal mit Willi zu vojtern, und ich hatte deswegen große Schuldgefühle. Als wir nach vielen Monaten das Krankenhaus endlich phasenweise verließen, musste er noch immer durch eine Magensonde ernährt werden – ich hatte versagt.

CASTILLO-MORALES

Die erste Therapeutin, die zu uns nach Haus kam (von der Stillberaterin einmal abgesehen, die mir sagte, dass ich das Kind falsch anlegte, und mir Stillen und zusätzliches Saugtraining im Drei-Stunden-Takt verordnete), war eine Castillo-Morales-Therapeutin. Diese in Argentinien entwickelte Therapie soll durch Vibration die schlaffe Muskulatur stimulieren. Damit sollten Willis Trinkschwäche und sein schlechter Mundschluss verbessert werden. Die Therapeutin massierte Willi zusätzlich fleißig die Füße – weil der Mund und die Füße angeblich ganz eng zusammengehören. Das Ganze lief unter Krankengymnastik und wurde zum Glück brav von der Kasse bezahlt. Ich war immer neidisch auf Willis Fußmassagen, aber dass dadurch seine Zungenmuskulatur angeregt wurde, erschien mir eher unwahrscheinlich. Und selbst wenn, hatte ich die Befürchtung, dass fünf Minuten Fußmassage in der Woche vielleicht nicht so viel bringe – aber es konnte sicher auch nicht schaden. Dieses Motto sollte später mein wichtigstes Auswahlkriterium für eine Therapie werden.

An diesem Punkt – bei der Frage: «Was bringt die Therapie eigentlich?» – kommen leider immer die Eltern mit ins Spiel, denn es war natürlich an uns, die Massage- und Vibrationstechniken zu erlernen, zu üben und täglich dreimal fünfzehn Minuten Willis Gesicht und Füße zu vibrieren und massieren – zusätzlich zum Vojtern, was ich aber auch schon nicht schaffte.

Damit mein Mann, ohne großartig das Zittern mit den Händen zu üben, auch aktiv zu Willis Wohlergehen beitragen konnte, brachte uns die Therapeutin einen kleinen

Vibrator mit (der nicht aus dem Therapiebedarf, sondern von Beate Uhse stammte und deswegen ausnahmsweise auch nur zehn Euro statt eine halbe Hilfsmittelmillion kostete). Ich denke nicht, dass Matthias das Ding jemals in die Hand genommen hat, außer um damit herumzualbern. Willi hatte mittlerweile schon eine amtliche Abneigung gegen jegliche Fummelei in seinem Gesicht entwickelt, und wenigstens sein Papa respektierte das und ließ ihn in Ruhe.

Bei der Castillo-Morales-Therapeutin lag Willi wie ein Engel im Arm und schien die Behandlung zu genießen – von mir wollte er sich aber überhaupt nicht mehr am Mund berühren lassen. Wahrscheinlich konnte sie es einfach besser, denn für irgendetwas muss die jahrelange Ausbildung zur Physiotherapeutin ja auch gut sein. Man kann doch nicht erwarten, dass eine Mutter das in wenigen Stunden lernt. Aber ich erwartete das natürlich von mir.

Und wie viel das Vibrieren tatsächlich bringt, werde ich wohl auch nie herausfinden, denn ich habe es nicht mal eine Woche in unserem Leben wirklich durchgezogen und hatte deswegen selbstverständlich durchgängig ein noch größeres schlechtes Gewissen.

JEDES NEUE THERAPIEKONZEPT EINE NEUE HOFFNUNG

Je mehr verschiedene Therapeutinnen und Therapeuten seitdem in unser Haus gekommen sind, umso mehr Ideen haben diese Leute gehabt, was Matthias und ich alles mit unserem Sohn machen sollten, um ihn optimal zu fördern. Wäre ich all diesen Anweisungen nachgekommen, hätte ich mein Kind von morgens bis abends nur noch therapiert (und nebenbei natürlich die mittlerweile dazugekommenen Hörgeräte, Gaumenplatten und Brillen ein- und aufgesetzt). Manchmal erschien es mir unglaublich, dass es auch ältere Menschen mit Down-Syndrom gibt, die überhaupt laufen und sogar gut sprechen können, obwohl sie in einer Zeit aufgewachsen sind, in der sie nicht komplett durchtherapiert wurden.

Natürlich zwingt einen niemand, sein Kind zu fördern. Und natürlich profitieren Kinder auch in vielen Fällen von den Angeboten. Aber der Druck, den ich auf mir spürte und an Willi weitergab, hat uns beiden geschadet. Immer wieder hörte ich, wenn es um besonders «fitte» Kinder ging, wie gut die Eltern sie gefördert hätten. Einmal waren wir auf einem Geburtstag eines dreijährigen Mädchens mit Down-Syndrom, die bereits auf dem Trampolin springen konnte und in ganzen Sätzen sprach. Ich war begeistert von der Kleinen. Als ich der Mutter gegenüber erwähnte, wie unglaublich toll ihr Kind entwickelt sei, sagte sie kühl und stolz: «Da habe ich auch hart für gearbeitet.»

Mir kam dieser Satz wie eine Ohrfeige vor: Mein Kind war älter und konnte das alles nicht, denn ich hatte nicht hart genug gearbeitet.

Ich wollte die Therapien, auch wenn sie uns zermürbten, denn tief in mir hatte ich wahrscheinlich den Wunsch, all unsere Probleme wegzutherapieren – also letztendlich die Behinderung zu heilen. Ich erinnere mich, wie wir Behindertenmütter untereinander oft wütend über Ärzte schimpften, die uns bestimmte Hilfsmittel oder Therapien nicht (oder noch nicht) verschreiben wollten, oft mit dem realistischen Argument, dass die Familie und die Kinder selbst überfordert wären. Aber wir wollten das nicht hören. Das Schlimmste war, wenn wir argwöhnten, dass man unseren Kindern bestimmte Dinge nicht zutraute. Unser Leitspruch war: «Alles zutrauen, nichts erwarten.» Doch wir Mütter hielten uns selber nicht daran, denn wir erwarteten viel von unseren Kindern, manchmal sogar, jemand ganz anderes zu sein.

Oft resultiert der erbitterte Kampf für ein bestimmtes Rezept schlichtweg aus der Hilflosigkeit von uns Eltern der Behinderung unserer Kinder gegenüber. Man konnte das Gefühl bekommen, die gesamte Zukunft des Kindes hänge von einem Pörnbacher-Keil ab – einfach, weil man sich so machtlos fühlte und es so verlockend war, daran zu glauben, dass die Lagerung eines Kindes auf einem Dreieckskissen wie von Zauberhand die Sprech- und Schluckmotorik, die Atmung, Wahrnehmung und Handmotorik verbessern würde. Ich bin ganz sicher, dass so manche Verordnung vom Arzt nur für das Seelenheil der Mutter ausgestellt wird – um ihr das Gefühl zu geben, alles versucht zu haben.

Andere Therapien wiederum bekommt man dringend ans Herz gelegt, eben aufgrund der Hilflosigkeit Außenstehender. Was sicher nett gemeint war, belastete mich zusätzlich: Adressen von Kinesiologen oder Heilpraktikerinnen, Zeitungsartikel und Flyer mit den verschiedensten Heilsversprechungen ... Vielleicht verpasste ich ja doch etwas?

Obwohl die Pflege und Förderung von Willi zu meinem Lebensinhalt geworden war, machte er leider trotzdem nicht die Fortschritte, die wir uns alle wünschten.

Wenn man sagen konnte: «Das fitte Kind, es wurde gut gefördert», dann konnte ich den Satz für mich umdrehen: «Mein schlecht entwickeltes Kind, es wird von mir nicht genug gefördert ...»

Nur langsam, und erst nach dem zweiten Zusammenbruch, wuchs in mir das Bewusstsein, dass ich Willis Mama sein wollte und nicht seine Therapeutin und dass diese ganzen Mutmaßungen, was für meinen Sohn gut sei, für mich ganz und gar nicht gut waren – sie lösten permanente Selbstvorwürfe in mir aus, weil ich ja gar nicht alles tun *konnte*, was ich angeblich tun musste. Oder strengte ich mich doch nicht genug an?

SENSORISCHE INTEGRATIONSTHERAPIE UND BOBATH

Eine Zeit lang bekam Willi «Sensorische Integrationstherapie», kurz SI genannt. Bis heute weiß ich nicht, was das eigentlich genau ist, weil ich das Buch, das ich mir zum Thema besorgt hatte, niemals durchgelesen habe. Ich erinnere mich an viele Therapiestunden, in der sich die Therapeutin mit einer elektrischen Zahnbürste umständlich an Willi Mund heranpirschte. Am Ende der Stunde wurde es als großer Erfolg gewertet, wenn sie ihn mehrmals an der Wange berührt hatte und angeblich einmal sogar kurz *in* Willis Mund war!

Ich begann daraufhin kurzerhand Willi die Zähne mit einer elektrischen Zahnbürste zu putzen. Nach zwei Tagen Abwehr war ich sehr stolz, nun täglich zweimal Extrem-SI-Therapie mit Willi zu machen! Irgendwie hatte ich gehofft, nun mein Pensum zu leisten, aber ich bekam gar keinen Orden, sondern sofort neue Aufträge, die mich belasteten, weil ich ihnen fast nie nachkam.

Mein Mann machte es viel besser. Er vermied es grundsätzlich, bei den Therapiesitzungen dabei zu sein, und betrachtete sie eher als 30-Minuten-Babysitting, in denen er endlich einmal in Ruhe einen Kaffee trinken konnte. Ihm lag nichts ferner als zu versuchen, Willi eine Kaunudel in den Mund zu stecken. Mehrfach räumte er die komischen Schläuche zu seinen Werkzeugsachen, weil er mir schlichtweg gar nicht zuhörte, wenn ich erklärte, wofür die Dinger da seien. Wenn ich ihn dazu drängte, einer Therapiesitzung beizuwohnen, schaltete er währenddessen einfach ab. Nach einer Einheit SI-Therapie, zu der ich Matthias genötigt hatte, fragte ich ihn, ob er denn nun auch einmal ein paar Sandsäckchen auf Willi festbinden würde.

Er wusste überhaupt nicht, wovon ich redete! Stattdessen ärgerte er sich einige Wochen später beim Putzen über diese (von mir in mühevoller abendlicher Arbeit genähten) ewig rieselnden Sandsäckchen und schmiss sie kurzerhand in den Müll.

Er hatte es einfach nicht, dieses dauerhaft schlechte Gewissen, nur weil er nicht permanent an Willi herumtherapierte. Er vergaß jeglichen Therapiekram einfach sofort wieder, er nahm sich gar nicht erst vor, es zu versuchen, wohl weil er das alles für komplett überflüssig hielt. Auf diese Weise konnte er nicht – so wie ich – ständig versagen und nahm sich seine Auszeiten, während ich völlig verlernte, Pausen zu machen. Ich hatte sogar das Gefühl, mich doppelt anstrengen zu müssen, um sein Fehlen auszugleichen.

Rückblickend muss ich zugeben, dass er, obwohl ich immer dachte, er würde mehr mit der Behinderung hadern als ich, Willi einfach so angenommen hat, wie er ist.

Mich nervte es damals unendlich, dass ich die ganze Zeit daran dachte, was alles für unser Kind gut sei – und Matthias konnte einfach so durchs Leben gehen, ohne diese Sorgen. Ich fand das ungerecht. Deswegen machte ich es mir zum zweifelhaften Ziel, meinem Mann, wenn er mir schon nicht beim Therapieren helfen wollte, wenigstens auch ein schlechtes Gewissen zu machen. Mit Erfolg übrigens! Allerdings hatte er es nie Willi, sondern immer nur mir gegenüber.

Ich bin vielleicht – wie jede Mutter – anfälliger für Schuldgefühle. Aber ich fürchte, Mütter sehr spezieller Kinder leiden darunter noch mehr als die Normalo-Mütter. Ich sah mich einem ständigen Druck ausgesetzt, weil mein Sohn «schlecht entwickelt» war und ich bei ihm vielleicht hätte «mehr erreichen» können – bei mehr Anstrengung. Aber dass jedes Kind ein Recht darauf hat, auch unbeschwerte, freie Zeit zu genießen, ohne ständig gefordert zu werden, war mir damals noch nicht klar. Und zu begreifen, dass sogar Mütter dieses Recht haben, dauert bis heute an ...

Da mein Mann in Sachen Therapie nicht bereit war, von mir zu lernen, versuchte ich im Gegenzug, von ihm zu lernen, mir Auszeiten zu nehmen und auf mich zu achten – und das ebenfalls zuerst nur mit mäßigem Erfolg. Aber wenigstens lernte ich langsam, auf mein neues Bauchgefühl zu hören, und wollte von meiner Therapieverkrampfung selbst herunterkommen. Der ewige Konflikt war nicht gut für unsere Ehe – und vor allem: Er war nicht gut für mich und mein Verhältnis zu Willi! Durch meine ständigen therapeutischen Hintergedanken konnte ich fast nie einfach nur mit meinem Kind zusammen sein, ohne etwas von ihm zu wollen.

Mein Mann hatte es viel einfacher. Er konnte immer unbeschwert mit Willi toben und spielen, irgendwie sprechen und singen (oder es lassen), ohne dabei alles richtig machen zu wollen (außer natürlich ich stand daneben und verdarb ihnen den Spaß durch meine verspannten «Tipps», wie er es besser machen könnte). Und wenn ich die beiden beobachte, dann sah ich, dass Willi in seiner Begeisterung mit Papa genau das alles tat, was unsere Bobath-Therapeutin so krampfhaft erreichen wollte: Die schiefe Ebene in der Therapiepraxis wollte er um nichts in der Welt betreten, aber die Rutsche versuchte er mit Papa lachend wieder und wieder zu erklimmen. Und ich stand daneben und ertappte mich bei dem Gedanken, dass Willi noch nicht begriffen hatte, dass er außen herum um den Hügel gehen müsste, um wieder nach oben zu gelangen: Das nenne ich mal defizitorientiert!

Dann kam die Geburt unseres zweiten Kindes, und es war letztendlich meine Überforderung, die dazu führte, dass ich alle Therapien in die Hände des heilpädagogischen Kindergartens legen musste, den Willi zu der Zeit besuchte.

Wir haben es wohl lediglich meiner Erschöpfung zu verdanken, dass Olivia keines der Geschwisterkinder ist, die die Hälfte ihrer frühen Kindheit in Wartezimmern Logopädischer Praxen verbringen musste, denn dafür hätte ich natürlich auch wieder ein sehr schlechtes Gewissen.

LOGOPÄDIE: VON PADOVAN BIS TAKTIL

Erst durch den Abstand erkannte ich die Skurrilität vieler Therapien. Damals begann die Logopädin in der Kita mit der sogenannten ganzheitlichen Sprachtherapie nach Padovan (diesmal ist es eine Brasilianerin, die sich das Ganze ausgedacht hat). Es geht um «neurofunktionelle Reorganisation» – alle Stufen des menschlichen Entwicklungsprozesses vom Säuglingsalter an sollen dabei erneut durchlaufen werden.

Die Logopädin lud mich zu einem Gespräch in den Kindergarten ein und zeigte mir die Übungen, die ich mit Willi zu Hause machen sollte. Um die Strampelphase nachzuholen, musste er wie ein Baby auf dem Rücken liegen, und ich sollte seine Beine in bestimmter Weise in bestimmten Winkeln in bestimmte Richtungen bewegen. Dazu spricht man Verse oder singt Lieder (ohne Singen ging bei Willi damals ohnehin gar nichts). Ich schwöre, ich war motiviert und wollte die Technik lernen, denn ich wollte doch alles dafür tun, dass mein Sohn sprechen lernt. Ich ließ mir die ersten zwei Übungen von der Logopädin zeigen – mit dem festen Vorsatz, die Sache diesmal durchzuziehen. Meinen Mann hatte ich übrigens gezwungen mitzukommen; er saß im Gespräch neben mir, den Blick auf unendlich gestellt – Offline-Modus ...

Obwohl die Therapie recht wundersam klang, war ich ihr gegenüber schon deswegen nicht abgeneigt, weil das Schaukeln in der Hängematte ein wichtiger Teil davon ist. Das fand ich prima, denn wir schaukeln und singen mit Willi bei jeder Gelegenheit in der Hängematte auf der Terrasse. Das wäre auch für meinen Mann die ideale Chance gewesen, sich endlich einmal ohne großen Aufwand einzubringen. Aber als ich dann erfuhr, dass man die Übungen alle in einer festgelegten Reihenfolge machen muss – also erst vorwärts schaukeln, dann seitwärts schaukeln, dann die erste Beinübung und dann die zweite Beinübung, da es sonst gar nichts bringe –, da hatte ich schon wieder genug von der Sache. Ich sah mich schon als die ultimative Spaßverderberin ständig aus der Küche rufen: «Matthias, denk daran, du musst Willi erst vorwärts schaukeln! Matthias, du schaukelst schon wieder die ganze Zeit nur seitwärts! Matthias, jetzt ist aber Zeit für die erste Beinübung!»

Padovan musste die Logopädin leider ohne uns machen. Ich glaubte einfach nicht daran, dass der Nutzen größer gewesen wäre als der Stress – und weil Willi sich sträubte, gab auch sie bald auf. Er blieb eben einfach nicht auf dem Rücken liegen, genauso wenig, wie er jemals freiwillig auf einem Keilkissen herumgelegen hätte.

Das Nächste, womit die Logopädin nach einer Weiterbildung kam, war «Taktil». Die Bildung der Laute wird dabei durch «taktil-kinästhetische Stimulation der Gesichts- und Sprechmuskulatur unterstützt». Das habe ich mir auf jeden Fall damals in dem Gespräch notiert, um später nachzuschlagen, was das wohl genau sein soll: «taktil-kinästhetische Stimulation». Letztlich lief es darauf hinaus, dass schon wieder in Willis Gesicht herumgefummelt werden sollte, was dann wohl auch der Grund war, warum ich nie wieder von der Sache hörte und erleichtert den Flyer für das Taktil-Seminar in den Müll warf.

Ich bin ganz sicher, dass es Kinder gibt, für die Padovan, Taktil oder Vojta super ist. Aber sie lassen diese Berührungen und Bewegungen dann auch zu. Immer wieder lese ich in der Down-Syndrom-Mailingliste von Eltern, die sich mit ihren – natürlich super gut entwickelten – Kindern angeblich jeden Tag fünfundvierzig Minuten hinsetzen und Übungen machen. Mir ist es ein absolutes Rätsel, wie sie das schaffen! Allein fünfundvierzig Minuten am Tisch zu sitzen ist für uns schon immer undenkbar gewesen. Jedes Mal stellt sich mir die Frage: Sind die Kinder so fit, weil die Eltern so viel Therapie mit ihnen machen, oder kann man nur die fitten Kinder überhaupt so viel therapieren?

Wenn ich höre, dass einige Familie ganz selbstverständlich mit ihren Kindern, seit diese fünf Monate alt sind, jährlich nach «Baiersbronn» fahren, dann stockt mir der Atem. Erstens weiß ich nicht einmal, was dort in «Baiersbronn» genau ist, und zweitens sind Reisen mit meinem Sohn so stressig, dass ich allein schon deswegen nicht auf Sprachheilrehabilitation fahren könnte.

Ich versuchte, von meinem Mann zu lernen, und nahm mir möglichst nur noch die Fördervorschläge zu Herzen, die mir entgegenkamen. Zum Beispiel riet man uns, Willi so viel wie möglich barfuß laufen zu lassen. So werde seine Selbstwahrnehmung verbessert und sein Appetit gesteigert. Die Barfußtherapie finde ich super, denn es nervt kolossal, meinem Kind gegen seinen Willen ständig Socken und Schuhe anzuziehen, die dann ohnehin nur durchs Auto oder in Nachbars Garten fliegen. Zusätzlich muss man seltener Schuhe kaufen. Willis Fußsohlen bekommen eine tolle Stimulation, er kann sich gut spüren, und ich habe etwas weniger Arbeit. Eine echte Win-win-Situation! Als Willis anthroposophische Kinderärztin mir später sagte, sie glaube, bei Rudolf Steiner gelesen zu haben, dass Barfußlaufen nicht gut sei, habe ich das einfach ignoriert.

Es ist gar nicht selten, dass sich die Vorschläge der verschiedenen Fachrichtungen gegenseitig ausschließen. Die Castillo-Morales-Fachfrau legte immer sehr viel Wert darauf, dass man an Willis Mund niemals wischen, sondern immer nur tupfen dürfe (ich weiß nicht mehr, warum). Ich weiß nicht, wie oft ich Matthias deswegen auf die Nerven gegangen bin, weil ich fand, dass er es «falsch» machte. Dann propagierte die Logopädin, am Mund unbedingt immer kräftig zu wischen, um einen starken Reiz zu setzen. Im Endeffekt wehrt sich Willi bis heute wütend gegen beides, und ich fürchte, dass es dann vielleicht ohnehin egal ist, wie man's macht.

Ich sehe es als großes Problem, dass jede Fachrichtung für sich allein arbeitet und selten die Belastungen sieht, unter der eine Familie mit einem behinderten Kind in vielerlei Hinsicht leidet. Im Nachhinein macht es mich wütend, wenn ich bedenke, welche Dinge ich mit Willi schon im Kleinkindalter üben sollte, die er zum Teil jetzt, in seinem neunten Lebensjahr, noch nicht kann. Der arme Junge war ein Jahr alt, und wir waren alle traumatisiert und wahrhaft voll ausgelastet mit den Problemen rund um seinen Luftröhrenschnitt. Aber die Logopädin trug mir auf, mit Willi dringend das Pusten und Saugen zu üben! Jede Woche brachte sie neues Therapiematerial mit, das anklagend an seinem Bett lag. Ich war damals so ratlos und verzweifelt! Willi wusste mit diesen Gegenständen, die ich ihm ständig in den Mund steckte, überhaupt nichts anzufangen. Es war viel, viel zu früh für diese Aufgaben, und überhaupt war er durch seine schwere Fütterstörung im orofazialen Bereich hoch empfindlich geworden. Eine gute Therapeutin muss das erkennen, sie darf einer Mutter keine unlösbaren

Aufgaben stellen, das schadet wirklich. Ich hatte immerzu das Gefühl zu versagen – und letztlich muss ja auch Willi dauerhaft dieses Gefühl gehabt haben.

Erst vor Kurzem hat unser Sohn das Pusten gelernt (mit seinem Geburtstagskuchen, nicht mit Therapiematerial!), und wir haben das frenetisch gefeiert. Wenn ich ihn aber zum Saugen am Strohhalm motivieren möchte, weiß er noch immer nicht, was ich von ihm will, und wirft frustriert den Becher um.

«DIE SPIELEN JA NUR!»

Was ich am Anfang sicher nicht ausreichend zu schätzen wusste, war die Arbeit der Frauen von der Frühförderstelle. Mehrere Jahre kam eine dieser Heilpädagoginnen wöchentlich zu uns, hatte einen Korb voller Rudolf-Steiner-mäßigem Spielzeug dabei und versuchte, sich jeweils eine Stunde lang mit Willi zu beschäftigen. Ihre Lieder, die sie gefühlte drei Oktaven zu hoch sang, veralberten Matthias und ich ständig – wenn sie nicht im Haus war.

Wie eine «richtige» Therapie kam es einem nicht vor, und erst als mein Vater einmal sagte: «Sie spielt doch nur mit ihm», fiel mir auf, dass keiner von uns es wirklich schaffte, eine ganze Stunde Willi zu motivieren, bei der Sache zu bleiben, während er damit beschäftigt war, alles auszukippen, die Spielsachen herumzuwerfen oder rauszurennen. Alle diese Frauen von der Frühförderstelle hatten eine Geduld, die an Heiligkeit grenzte. Sie schienen nie von Willi genervt. Und sie haben uns niemals Aufgaben aufgebürdet, die sie selbst mit ihm nicht umsetzen konnten. Irgendwie schauten sie nicht nur auf unseren Sohn, sondern auf die ganze Familie, und eine von ihnen forderte mich sogar dazu auf, mich doch einfach ein Weilchen hinzulegen, solange sie mit Willi arbeitete!

Wie unvorstellbar wertvoll es ist, wenn das Kind spielen kann, wurde mir erst über die Jahre klar, in denen ich verzweifelt Beschäftigungsmöglichkeiten für und mit Willi suchte, die nichts mit Fernsehen oder dem iPad zu tun haben.

Ich erinnerte mich an einen «Amoktag» am Strand, den wir nur überstanden, weil Willi irgendwann begann, mit mir die große Tüte mit den Sandsachen ein- und auszupacken. Bis dahin war er am Ufer wie irre umhergelaufen, über Decken und Handtücher, die Hände in fremden Taschen, die Füße auf fremden Strandburgen – vollkommen rastlos, grenzenlos, schonungslos! Olivia wollte unbedingt am Strand bleiben und mit mir eine Burg bauen. Ich war unseren Frühfördertanten unendlich dankbar, dass sie genau das stundenlang mit Willi «geübt» hatten: auskippen, einräumen, auskippen, einräumen. So konnte ich auf einer Seite mit Olivia buddeln, während ich irgendwie parallel auf der anderen Seite für Willi die Tüte aufhielt und ihm die Anerkennung gab, die er bei dem Spiel brauchte, während er einräumte. Es gab immer nur kurz Probleme, wenn er – bedacht darauf, alles einzuräumen – versuchte, Olivia die Schaufel zu entreißen, und dabei auch noch über die Sandburg trampelte ...

Unsere Frühförderdamen arbeiteten mit Metalldosen und Kastanien, versuchten mit Willi Rosinen in Brötchenteig zu stecken oder Federn zu pusten. Sie brauchten nie teures Therapiematerial (auf jeden Fall dachte ich das, bis ich selber für Willi später eine Waldorfpuppe kaufen wollte) und forderten von uns auch nie irgendwelche Anschaffungen.

Dazu fällt mir die Praxis für Physiotherapie ein, die uns nach unserem Umzug empfohlen wurde. Der Chef marschierte beim Erstbesuch durch unser Haus und ließ verlauten, was wir alles für Willi bräuchten. Danach ließ er sich nie wieder blicken. Neben einem großen Schwungbrett und Schwebetuch – natürlich mit ausreichend Haken überall an der Decke – sollte Willi auch unbedingt Reckstangen bekommen. Ich habe den Satz des Chefs noch in den Ohren: «Solche Kinder müssen sich am Morgen immer erst einmal dreißig Minuten aushängen.»

Wir waren begeistert, dass endlich jemand eine Lösung für Willis Rastlosigkeit parat hatte. Doch außer sehr viel Arbeit zu einer Zeit, in der wir ohnehin vollkommen überfordert waren, haben diese Sachen leider alle nichts gebracht. Weder ich noch die Therapeutinnen der Praxis, die später kamen, haben Willi jemals dazu gebracht, aufs Schwungbrett zu steigen (sie haben es nicht mal versucht!), und bis heute hat er sich im Leben an keine Reckstange gehängt! Warum auch?

Mein Mann war skeptisch, als ich von ihm forderte, für die riesenhaften Karabinerhaken unsere neuen weißen Decken allesamt aufzubohren. Noch heute hängen sie da als Mahnmal für ihn, bloß nicht immer alle Umbaumaßnahmen durchzuführen, die ich von ihm verlange. Und trotzdem ist unser Haus voll mit verwaisten Klettstreifen und Magnetwänden für pädagogisch wertvolle Bildkarten und Wochenablaufpläne mit MetaCom-Symbolen, genau wie das iPad voll ist mit Book-Creater, Go-Talk-Now und vielen Lern-Apps, alles ewig lange Vorhaben mit schlechtem Gewissen, guten Vorsätzen und viel Mühe angeschafft und die doch niemals die hohe Schwelle in unseren Alltag genommen haben.

Immer wieder finde ich es selber schwer nachzuvollziehen, warum es mehr als ein Jahr lang dauert, bis ich es schaffe, für Willi ein Fotobuch mit wichtigen Orten und Menschen zusammenzustellen. Wenn ich die Bestellung endlich abschicken will, ist es in der Regel schon lange nicht mehr aktuell. Deswegen schiebe ich es dann normalerweise noch weiter auf, weil ja wieder ein neues Kind in die Klasse gekommen ist, von dem brauche ich erst ein Foto usw. ... Dann bleibt es wieder liegen, weil einer von uns krank ist oder wir Arbeits- oder sonst welchen Stress haben (zum Beispiel Schulferien), und danach muss ich mich wieder neu in die Fotobuch-Software einarbeiten, und in der Zwischenzeit hat die Lehrerin gewechselt, und von der neuen fehlt noch ein Foto ....

Es ist mein ewiger Perfektionismus, der mich oft lähmt, denn sicher hätte ich auch von meinem Handy ein paar Fotos an einem Automaten im Drogeriemarkt ausdrucken, auf ein paar Blätter kleben und zusammentackern können. Wenn andere Mütter dann unser Fotobuch sehen, das ich mir schließlich doch irgendwie abgekrampft habe und ich sie sagen höre: «O Gott, was du immer alles für Willi machst, so etwas müsste ich eigentlich auch unbedingt mal machen!», fällt mir auf, wie sehr Fremd- und Eigenwahrnehmung auseinanderklaffen.

SCHLECHTE ELTERN SIND GUTE ELTERN?

Ich weiß nicht, warum, aber ich wollte im Leben immer gerne alles gut machen. Dabei hatte ich von meinen Eltern wahrlich keinen Leistungsdruck, im Gegenteil. Aber ob es das Abitur oder später das Studium war, immer wollte ich die Beste sein. Und was ich mir fest vorgenommen hatte, verwirklichte ich auch: nach dem Abitur in Australien zu arbeiten, ein Auslandssemester in Mexiko zu absolvieren oder meine Diplomarbeit in einem bolivianischen Bergdorf zu schreiben – und alles mit den besten Noten. All das «schaffte» ich ganz allein und war auch noch stolz darauf. Ein Teamworker war ich nie.

Natürlich wollte ich auch so eine besonders gute Mutter sein und dachte, dass das bedeutete, mein Kind möglichst weit zu bringen. Meinem Mann warf ich oft vor, dass er es sich mit Willi «einfach machen wollte» und deswegen alle Fördermaßnahmen ignorierte.

Bei den Schulfreunden unserer nicht behinderten Tochter kann ich andere Mütter beobachten, wie sie auch das Leben ihrer Kinder hoch effizient durchtakten, immer mit der optimierten Förderung im Hinterkopf. *Alles* ist zu etwas gut, keine Aktivität zweckfrei, selbst beim Glotzen und Daddeln am Computer soll angeblich noch gelernt werden. Wenn sie einen Artikel in einer Elternzeitschrift darüber lesen, dass auch Langeweile für die kindliche Entwicklung wichtig ist, entspannen sie sich nicht etwa ein bisschen, sondern notieren auf der To-do-Liste ihrer Sprösslinge noch täglich fünfundvierzig Minuten Langeweile.

Ich frage mich, ob ich ohne Willi wohl mit Olivia genauso verspannt geworden wäre. Immerhin kann ich mich damit entschuldigen, dass mein Kind, das mich früher in diesen Zustand versetzt hat, wirklich förderbedürftig ist. In den ersten Jahren mit Willi habe ich von Ärzten oder Therapeuten oft gehört, ich würde «alles so gut machen». Es freute mich zwar, dass andere das so sahen, ich selber wusste aber nicht, was das genau bedeuten sollte, «alles so gut zu machen», denn ich schaffte es ja bei Weitem nicht, *alles* zu machen, was ich glaubte machen zu müssen. Ich weiß nicht genau, an welchem Punkt dieses undifferenzierte Lob aufhörte. Vielleicht, als sich abzeichnete, dass Willis Entwicklung trotzdem nicht so verlief, wie es sich alle erhofft hatten? Oder als ich aufhörte, jeden Therapiekram mitzumachen? Zu Hause bekam ich von meinem Mann jedenfalls keinen Beifall für meine hochgelegte Perfektionismus-Messlatte, an der er scheiterte, weil ich ständig fand, dass er etwas mit Willi therapeutisch wertvoller machen könnte.

Im richtigen Leben bekommt man eben keine guten Noten, wenn man sich ganz doll anstrengt, eine perfekte Mutter zu sein – und für das perfekte Kind bekommt man sie schon gar nicht. In einem Leserbrief schrieb mir vor Kurzem eine ältere Frau, die selbst vierfache Mutter ist, sie freue sich, dass es noch ganz normale Mütter wie mich gebe. Das ist heute ungefähr das größte Mutter-Kompliment, das man mir machen kann. Tatsächlich suche ich immer öfter nach Wegen, es mir mit den Kindern «einfach» zu machen, ohne mich dafür schlecht zu fühlen. Wenn Olivia Kekse backen möchte, ich aber nicht die Zeit habe, mit ihr zusammen zu backen, weil ich immer mit einer Hand bei Willi sein muss, darf sie jetzt einfach ganz eigenständig eine wunderbare Kekse-Sauerei in der Küche veranstalten. Aber es ist nicht einfach für mich, loszulassen.

Zufällig ist mir ein Buch mit dem Titel *Leitfaden für faule Eltern* in die Hände gekommen. Der Autor, Tom Hodgkinson, plädiert dafür, nicht ständig nach Perfektion zu streben. Letztendlich, so schreibt er, sind die schlechten Eltern die guten. In den Freiräumen, die sich ergeben, wenn die Mütter und Väter nicht ständig danebenstehen, entwickeln die Kinder Selbstständigkeit, und sie lernen an eigenen Erfahrungen statt an elterlichen Vorträgen. Eine wirklich interessante These!

Und wenn man tatsächlich die Wunschvorstellung des Autors umsetzen könnte, nämlich dass Erziehung gewissermaßen auf einer großen Festivalwiese stattfindet, auf der die Eltern in dem einen Bereich Bier trinken und Musik hören, während im anderen Bereich die Kinder zu starken Persönlichkeiten reifen, indem sie ganz unter sich sind und die Welt entdecken – dann würde sich auch mein Mann entschieden stärker bei der Kinderbetreuung engagieren.

KOMMUNIKATION UND SPRACHE

Als Willi noch kleiner war, lag es nicht an solchen Einsichten, dass ich nicht alles machte, was man mir fördertechnisch nahelegte – sondern ich konnte einfach nicht mehr. Wenn ich bedenke, wie viele Gewissensbisse ich hatte, weil ich nicht mit meinem Kind ab seinem sechsten Lebensmonat «Babyzeichen» machte, wie von der Logopädin verlangt! Allein das Babyzeichenbuch – über das ich mich schon deswegen ärgerte, weil ich ja wusste, dass wir früher oder später mit GuK-Gebärden (Gebärden-unterstützte Kommunikation) arbeiten würden – im Buchladen zu bestellen und abzuholen war für mich ein unvorstellbarer Kraftakt, so erschöpft und überfordert war ich. Die Therapeutin verstand nicht, wo das Problem war. Sie sah nicht, dass ich in einer Depression steckte, und gab mir zusätzlich das Gefühl, eine schlechte Mutter zu sein, der es schon zu viel war, nur ein Buch zu besorgen.

Ich spürte damals genau, dass es bei Willi für Gebärden zu früh war, und sagte das der Logopädin auch. Aber sie meinte, es sei gut für ihn oder könne wenigstens nicht schaden. Aber es hat doch geschadet! Nicht, dass wir damals Gebärden gemacht hätten – mein Gott, Willi hatte zu der Zeit eine Anfallsserie nach der anderen und konnte nicht mal unseren Blick fixieren –, aber es hat mich trotzdem durchgängig belastet, dass ich es nicht tat.

Übrigens war Willi erst mit drei Jahren für seine erste Gebärde bereit, und das blöde Babyzeichenbuch, gemacht für die Übermütter ganz normaler Babys, liegt auf dem großen Stapel der ungelesenen Förderliteratur. Wie viele Sorgen hätten mir erspart bleiben können, wenn ich mich nicht hätte verrückt machen lassen!

Wir arbeiteten später natürlich mit den GuK-Karten zur Gebärden-unterstützten Kommunikation von Etta Wilkens und heute mit Deutscher Gebärdensprache DGS. Übrigens musste ich mir all das Wissen selber aneignen.

Mein schwachsinnigstes Erlebnis – und Lieblingsthema – in Sachen Therapie hatte ich übrigens bei Willis hoch anthroposophischer «therapeutischer Sprachgestalterin»; das Wort allein ist ja schon grandios! Ganz nebenbei: Die Frau meinte, wir sollten auf keinen Fall Gebärden machen, damit unser Kind «ins Sprechen» komme. Willi war damals etwa vier Jahre alt, und ich hatte langsam eine Ahnung, dass ich im Zweifelsfall auf mein Gefühl hören musste und nicht auf die Experten. Wir machten deswegen weiter Gebärden, es war ja seine einzige Sprache, abgesehen von der Kommunikation über Bildkarten. Einmal war ich bei einer Therapiestunde dabei – immer noch getrieben von meinem schlechten Gewissen –, um mir ein paar Anregungen für zu Hause mitzunehmen. Ich beobachtete, wie die therapeutische Sprachgestalterin mit Willi ausgiebig, soweit das bei ihm eben möglich war, mit einer Babuschka-Puppe das Auf-zu-rein-raus-Spiel spielte. Sie sprach dabei immer wieder die Worte «Komm heRRRein» und «Komm heRRR-Raus» in geradezu beängstigender Deutlichkeit. Wenn sie ein Püppchen öffnete, sagte sie «auF-FFFFFFFFFF» und pustete Willi dabei ins Gesicht. Die Sache leuchtete mir ein, denn so machte sie für ihn den Buchstaben «F» quasi fühlbar. Wenn sie die Puppe schloss, sagte sie «zuuuBBB». Ich erkundigte mich nach einiger Zeit, welche Bedeutung wohl das «B» habe in einem Wort, in dem es ja gar nicht vorkomme. Sie antwortete leicht empört, als wäre es das Selbstverständlichste der Welt: «B ist doch ein einhüllender, abschließender Laut!»

Ich konnte mir beim besten Willen nicht vorstellen, dass Willi besser sprechen lernt, wenn er beim Stapeln von Babuschka-Puppen einen nicht in das Wort gehörenden einhüllenden Laut gesagt bekommt, und mir war so etwas auch schon fast egal geworden. Ich puste ihm seither immer wieder einmal gerne ein «FFF» ins Gesicht, wenn er mir eine Dose bringt, die ich «auf-FFFFF»machen soll – aber nur deshalb, weil er darüber so schön lachen kann. Und das einhüllende «B» kommt bei uns zu Hause lediglich zur Anwendung, wenn mein Mann und ich uns darüber prächtig amüsieren können, wie bescheuert so manche Therapie ist. Da die Kasse sich weigerte, die Sprachgestalterin weiter zu bezahlen, hatte sich die Sache bald geklärt – fünfundvierzig Euro für dreißig Minuten «Komm heRRRein – komm-herRRRaus» waren uns zu teuer, obwohl Willi gerne hinging. Mein schlechtes Gewissen deswegen hielt sich in Grenzen.

Ein paar Jahre später brachte uns der Talker (ein Sprachcomputer) in Sachen Kommunikation noch einmal ein gutes Stück voran. Wieder musste ich gegen die Vorurteile der Logopädin kämpfen, die meinte, wir sollten die Gebärden weglassen, um Willi an den Talker zu zwingen. Ist es so schwer nachvollziehbar, dass wir einfach alles an Kommunikationsmöglichkeiten nutzen wollen, um unser Kind zu verstehen?

Die mir als heilbringend angepriesene Thomatis-Therapie (und einiges andere aus dem pseudowissenschaftlichen Spektrum) ließen wir dagegen, schon fast ohne Selbstzweifel, ganz weg.

WUNDERTHERAPIE

Eines Tages klingelte bei uns eine Familie, die ich auf den ersten Blick für Zeugen Jehovas hielt. Ich hatte vorher schon einmal von einer netten Frau dieser Glaubensgemeinschaft einen Brief bekommen, in dem sie mich tröstete, dass meine Strafe hier auf Erden (also Willi!) mir im

Jenseits Erlösung bringe. Ich war schockiert, auch wenn es nett gemeint war – aber ich sehe mein Kind ganz sicher nicht als Strafe an!

Die Leute vor meiner Haustür wollten mir dagegen schon im Diesseits Erlösung anbieten und informierten mich, dass «das» – wobei sie auf Willi zeigten – heilbar sei. Sie empfahlen mir ein Buch ihres Gurus (ein echter Scharlatan!) und versicherten mir, dass es stimme: Mein Kind sei heilbar.

Damals wurde mir zum ersten Mal klar, wie furchtbar es ist, in einem Menschen nur sein angebliches Defizit zu sehen. Ich bedankte mich höflich und sagte, dass mein Sohn gar nicht kaputt sei und deswegen auch nicht ihrer Heilung bedürfe.

Ich bin eigentlich kein Wortklauber und finde es ziemlich albern, dass aus dem Wort «Krankenschwester» erst «Krankenpflegerin» wurde und dann durch das zwanghaft positivistische Wort «Gesundheitspflegerin» noch getoppt worden ist. Aber Willi «heilen» zu wollen bedeutet doch, dass er so, wie er ist, krank sei. Er ist aber nicht krank. Die Frage, was wir tun würden, wenn man tatsächlich aus jeder Zelle seines Körpers das überzählige 21. Chromosom herauskratzen könnte, ist letzten Endes eine philosophische Frage: Wäre dieses Kind dann überhaupt noch unser Willi? Wäre er nicht vielmehr ein ganz anderer Mensch?

Zum Glück ist das aber gar nicht möglich, und so muss ich darüber auch nicht entscheiden.

168

HEUTE DIES UND MORGEN DAS

Mich sprach einmal eine alte Dame auf der Straße an und erzählte mir, dass sie auch eine Tochter mit Down-Syndrom habe. Sie wies auf Willis herausschauende Zunge und sagte mir, ich solle Willi doch operieren lassen. Bei ihrer Tochter hätten sie auch eine Zungenverkleinerung gemacht, als sie klein war.

Ich dankte der Frau für den Hinweis und verkniff mir, darauf hinzuweisen, dass man heute Kindern mit Trisomie 21 glücklicherweise nicht mehr die Zungen abschneidet, damit sie nicht herausschauen. Ende der Siebziger war diese Form der «Therapie» in Mode, und die Kinder wurden reihenweise operiert. Bald stellte sich heraus, dass diese Operation keinen Vorteil bei der Sprachentwicklung brachte, dagegen viele negative Auswirkungen auf die Kinder hatte.

Ich frage mich, von welchen der Therapien, für die sich die Eltern heute aufreiben, es später heißen wird, das sei alles Quatsch gewesen. Das Neueste, was ich gehört habe, ist die Empfehlung, dass ein Kind mit Down-Syndrom nicht im Schneidersitz sitzen sollte. Wann immer es im Schneidersitz sitze, müsse man es korrigieren und ein Bein nach vorne ausstrecken. Ich bin von Herzen froh, dass ich davon nichts wusste, als ich noch bereit war, alles mitzumachen! Da hätte ich ja keinen einzigen freien Moment mehr im Leben gehabt, denn Willi sitzt, wenn er denn mal sitzt, immer im Schneidersitz: Auf dem Boden, auf der Toilette, am Esstisch, sogar im Bett schläft er manchmal im Schneidersitz und legt seinen Oberkörper auf den Beinen ab. Das ist seine Wohlfühlposition. Ihn jedes Mal zu nerven, wenn er sich entspannt, würde Krieg zwischen uns bedeuten!

Genauso wenig setze ich jedes Mal einen «Reiz» in Willis Gesicht, wenn er den Mund offen hat. Das wäre ja furchtbar. Wer würde da nicht ausflippen, wenn einem ständig Leute ins Gesicht greifen, die einen doch lieben und beschützen sollten.

Ich erinnere mich gut daran, wie es mich auf die Palme gebracht hat, dass mich Matthias während meiner Schwangerschaften oft am Tisch zurechtgewiesen hat, weil ich mich mit dem Arm abstützte. Ich bin wirklich wütend geworden, dass mich jemand für eine Körperhaltung maßregelte, die in diesem Moment für mich die angenehmste war.

Willi den Schneidersitz zu verbieten würde bedeuten, ihm zu spiegeln, dass seine ganze Daseinsform von uns nicht erwünscht ist. Die armen Familien, die versuchen, das Schneidersitz-Verbot durchzuziehen! Ich bin sicher, in ein paar Jahren ist es ohnehin wieder out.

ZEITFENSTER

Ein Begriff, der mich früher immer stresste, lautet «Zeitfenster». Angeblich gibt es bestimmte lernsensible Phasen, in denen das Gehirn besonders leicht und schnell neuronale Verknüpfungen aufbauen kann. Laufe man nicht früh genug zur Therapie, so habe sich das Zeitfenster geschlossen, und der Lernzug sei abgefahren. Immer wieder geriet ich besonders beim Thema «Sprachentwicklung» unter Druck, da sich angeblich das Zeitfenster schloss. Dabei ist Druck in der Regel wirklich das Letzte, was eine Mutter zusätzlich von außen benötigt!

Außerdem gibt es gar keine Studie zum Thema «Zeit-fenster bei behinderten Kindern». Mir erscheint es vollkommen unlogisch: Wenn die gesamte Entwicklung des Kindes so stark verzögert ist, warum sollen dann die Zeit-fenster zum Lernen dieselben sein wie bei einem «normalen» Kind? Am besten nimmt man den Begriff «Zeitfenster» bei Müttern behinderter Kinder nicht in den Mund, sie haben schon genug Ängste rund um die Entwicklung ihres Kindes.

Viele Kinder haben zahlreiche «Baustellen», auch medizinische, und die Liste der Termine bei Ärzten ist eigentlich niemals abgearbeitet. Neulich stellte ich fest, dass Willis letzte Kontrolle bei der Augenärztin mehrere Jahre zurücklag. In ihrer Akte stand, er solle sich in drei Monaten wieder vorstellen. Das ist der Abstand, in dem auch der Ohrenarzt, der Orthopäde, die Zahnärztin und die Hautärztin mal wieder auf Willi schauen möchten. Die Ärztin hatte keinerlei Verständnis dafür, dass wir so lange nicht gekommen waren, ich konnte ihr nicht erklären, dass wir einfach dringlichere Probleme hatten. Und ein paar stressfreie Nachmittage sind vielleicht heilsamer als so mancher Arztbesuch. Eine passende Brille springt dabei allerdings nicht heraus. Aber durch die Untersuchung bei der Augenärztin war das leider auch nicht der Fall, denn Willi legte einen derartigen Amoklauf in der Praxis hin, dass eine Messung vollkommen unmöglich war. Wir sollten es in drei Monaten noch mal versuchen ...

Doch an das *eine* Zeitfenster glaube ich fest: die Kindheit. Die unbeschwerte Zeit, die ich heute mit meinen Kindern verbringe, kann ich später niemals nachholen. Manchmal denke ich, all mein Bestreben sollte genau dort hinführen: entspannte gemeinsame Zeit! Mein Mann hatte dieses Bedürfnis ja eigentlich schon von Willis Geburt an.

Ich muss zugeben, es klingt viel einfacher, als es für mich ist. Selbst mit Olivia habe ich mich bereits dabei ertappt, dass es mir einfacher erscheint, mich abends noch eine Stunde mit ihr an den Hausaufgaben entlangzuhangeln, als mit ihr Playmobil zu spielen ...

SOZIALPÄDIATRISCHE ZENTREN

Nach Willis Geburt las ich in den Internetforen rund um behinderte Kinder überall ein Kürzel, von dem ich davor noch nie gehört hatte: «SPZ». Es steht für «Sozialpädiatrisches Zentrum» und bietet interdisziplinär Hilfe und Unterstützung für Kinder mit Entwicklungsstörungen und Behinderungen. Ich habe es immer als sehr erleichternd empfunden, dass sich dort Kompetenzen bündeln und die Ärzte und Therapeuten aus den verschiedenen Fachrichtungen sich untereinander austauschen. Ein solcher Ort, an dem man mit seinem noch so sonderbaren Kind niemals den Satz hört: «Mit so was kennen wir uns hier gar nicht aus», ist für mich Gold wert. Zusätzlich zu medizinischen Fragen werden in der Regel die Familien auch in vielen anderen Bereichen beraten, zum Beispiel bei der Beantragung von Hilfen und Unterstützung.

Die Mitarbeiter der SPZs sind oft sehr erfahren, aber dadurch vielleicht auch besonders abgeklärt hinsichtlich der Einschätzung von Entwicklungsmöglichkeiten behinderter Kinder. Wir gingen jährlich ins SPZ zur «Verlaufsdiagnostik», bis ich keine Lust mehr hatte, so weit zu fahren und so viel Zeit zu investieren, um später einen Bericht in der Hand zu halten, in dem ich noch mal nachlesen konnte, zu was mein Kind alles *nicht* in der Lage war.

Bei unserem letzten ambulanten Besuch im SPZ beobachtete die Ärztin, wie Willi am Boden auf seiner Püppi herumlümmelte und auf dem iPad einen Film schaute (anders geht es beim Arzt nicht!). Sie stand emotionsfrei da, mit ihrem Clipboard in der Hand, und machte sich Notizen.

Mit Blick auf Willi, der auf seiner großen, nackten Puppe lag, fragte sie uns: «Stimuliert er sich?» Mein Mann und ich waren uns nicht sicher, ob wir das gerade richtig verstanden hatten. Es entstand eine längere, irritierende Pause, in der ich darüber nachdachte, welchen Sinn es machte, in Willis Akte zu schreiben, ob er sich stimulierte oder nicht. Er tat es nicht – und ich verdränge in der Regel, dass der Tag kommen wird, an dem er Sexualität für sich entdecken wird –, aber ich konnte nicht sehen, was es für eine Bedeutung hätte, wenn Willi es täte. In das peinliche Schweigen hinein fragte mein Mann: «Stimulieren Sie sich?» Es war unser letztes Mal, dass wir zur jährlichen Bestandsaufnahme gingen. Außer für die Einschätzung der Pflegestufe haben mir diese Defizitberichte tatsächlich nie etwas gebracht, also verzichten wir jetzt auf den Stress.

Was uns allerdings durchaus etwas gebracht hat, waren immer mehrwöchige stationäre Aufenthalte im SPZ, bei denen ich von den Experten praktische Unterstützung bei der Überwindung von Problemen bekam. Einmal war es die Entwöhnung von der Magensonde, bei anderen Malen arbeiteten wir an Willis Gesellschaftsfähigkeit und Verhaltensbesonderheiten. Je nachdem, welche Psychologen,

Therapeuten oder Erzieher zur Zeit des Aufenthaltes gerade im Urlaub oder krank sind, kann so ein Aufenthalt mehr oder weniger effektiv sein. Ich persönlich bin ein Freund der praktischen Arbeit, denn ein aufwendiger Intelligenztest, der mir am Ende irgendein unklares Ergebnis über Willis angeblichen Entwicklungsstand liefert, bewirkt noch lange nicht, dass mein Sohn keine Windel mehr braucht oder aufhört, mich anzubrüllen, wenn ich die zwei Wörter «Hände waschen» sage. Und eine Aushilfslogopädin, die mir am Ende eines dreiwöchigen stationären Aufenthaltes sagt, dass es ihr leidtue, aber sie habe bei Willi keine Gebärden gesehen, macht mich wirklich wütend. Stattdessen zeigt sie mir dann noch, wie ich ihn mit einem Speziallöffel füttern soll, und präsentiert mir eine originelle Trink-Lernflasche aus den USA, mit der angeblich seine Mundmotorik verbessert werden sollte. Dabei isst und trinkt Willi (zum Glück!) seit Jahren allein. Es liegt nicht am Löffel, wenn ein Kind nicht spricht, an so etwas glaube ich seit Jahren nicht mehr, und es wird auch nicht wieder zu meinem Lebensinhalt werden, ausgefallene Saugaufsätze aus dem Ausland zu besorgen – schon gar nicht, seit Willi grandioserweise aus einem normalen Glas trinken kann!

Aber mit den richtigen Therapeuten und Erziehern sind für uns die stationären Aufenthalte in der Regel sehr fruchtbar. Ich kann Olivia mitnehmen, und wenn Willi behandelt wird, habe ich Zeit für sie. Für mich ist es ein Horror, von zu Hause aus mehrmals in der Woche mit Willi in eine Therapiepraxis zu fahren.

Doch jede Familie ist anders. Ich kenne Mütter, für die ist ein SPZ-Aufenthalt der Horror, und wieder andere erzählen mir, dass sie gar nicht wüssten, wie sie die

Nachmittage herumbekommen sollten ohne die Besuche bei Logo- und Ergotherapie. Jede Familie muss wohl selber herausfinden, was gut für sie ist, und auch jedes Kind hat andere Möglichkeiten und Bedürfnisse.

VERHALTENSTHERAPIE

Als wir feststellten, dass Olivia lispelte, gingen wir mit ihr zur Logopädie. Stressig war dabei nur, in dieser Zeit die Betreuung für Willi zu organisieren. Olivia machte brav ihre Übungen mit der Logopädin und ab und zu auch ihre «Hausaufgaben» mit mir zusammen, und nach einem halben Jahr war das Thema «Lispeln» erledigt. Und so stellen es sich vielleicht Menschen, die selber kein behindertes Kind haben, auch mit Willi vor: Wenn das Kind nicht spricht, geht man zur Logo, und wenn die Mutter richtig fleißig mit ihm übt, lernt es manierlich sprechen. So dachte ich es mir früher ja auch.

Wenn man ein Kind hat, das Anweisungen versteht und noch dazu bereit ist, ihnen nachzukommen, dann mag das sogar stimmen, egal ob behindert oder nicht. Aber ich möchte nicht die Logopädin sein, die vor einem Kind wie Willi sitzt, das weder einen Laut noch eine Gebärde spontan nachahmen kann, eine Aufmerksamkeitsspanne eines Huhns auf der Flucht hat und grundsätzlich erst mal gegen alles ist, was man nicht essen kann und wo keine Musik rauskommt.

Da das nicht nur für eine Logopädin, sondern für uns in unserem gesamten Alltag eine enorme Herausforderung darstellt, war es lange mein oberstes Therapieziel, Willis Verhalten dahingehend zu lenken, dass er grundsätzlich kooperativer wird und somit überhaupt erst in der Lage ist, andere Dinge zu lernen. Trotz meiner Therapie-Skepsis arbeitete ich mich deswegen in eine durchaus umstrittene Autismus-Therapie ein, nachdem ich einen Erfahrungsbericht in der Zeitschrift *Leben mit Down-Syndrom* gelesen hatte. Es ging darum, wie wir bei unseren Kindern oft unabsichtlich sogenanntes «negatives Verhalten» verstärken. Ich erkannte in dem Artikel Willis und mein Verhalten wieder. Wenn er sich bei einem Fußweg auf den Boden setzte, versuchten wir ihn zum Gehen zu motivieren, indem wir ihn riefen, für ihn Lieder sangen oder klatschten und die Arme aufhielten. Die kürzesten Fußwege waren der blanke Horror für uns, ich hatte sogar schon ein Rezept für einen monströsen Reha-Buggy beantragt, in dem man auch große Kinder schieben und festschnallen kann. Aber es ging mir gegen den Strich, Willi zu schieben, denn er konnte ja laufen, er wollte nur nicht.

Ich las mich durch einen dicken Schinken über ABA/ VB (Applied Behavior Analysis/ Verbal Behavior – was wohl mit «Angewandte Verhaltensanalyse/ Verbales Verhalten» übersetzt werden kann). Mir wurde klar, dass wir Willi letztendlich durch die ständige Belohnung des unerwünschten Verhaltens – nämlich das Sitzen auf dem Boden – dazu erzogen hatten: Dafür bekam er Aufmerksamkeit, aber sobald er mal ein paar Schritte lief, waren wir einfach nur glücklich und erschöpft und hatten Angst, er würde sich gleich schon wieder in die nächste Pfütze setzen. Also drehten wir das Prinzip um und versuchten es mit «positiver Verstärkung». Wir marschierten singend und klatschend zu Hause los, und sobald Willi saß, schwiegen wir. Wenn er wieder aufstand, trällerten wir weiter, machten Seifenblasen – und vor allem: wir lobten, feierten und huldigten den gehenden Willi. Ich bin sicher, dass das Prozedere für andere sehr komisch ausgesehen haben muss; mein Schwager fragte mich beim Weihnachtsspaziergang auf jeden Fall, ob ich vielleicht Kokain genommen hätte. Aber es hat geholfen! Heute geht Willi meist ganz ohne Affentheater – von ihm oder von uns.

Eigentlich holt man bei ABA einen «Consultant» ins Haus, der mit einem das Verhalten des Kindes analysiert, denn oft sind wir Eltern so betriebsblind, dass wir gar nicht merken, an welchen Stellen das Kind einen Mehrwert von seinem negativen Verhalten hat. Ich wunderte mich zum Beispiel darüber, warum Willi, wenn er mal einen Nachmittag mit seinem Vater allein war, ihm anscheinend absichtlich so intergalaktisch auf die Nerven ging, bis dieser nicht mehr weiterwusste. Willi mäanderte rastlos durch die Wohnung, riss Sachen aus dem Kühlschrank, leerte Puzzles aus, zog Dinge aus den Regalen, drehte volle Gläser um, leerte die Küchenablagen komplett, mit nur einer schwungvollen Armbewegung, und blieb bei keinem Spielangebot länger als ein paar Sekunden dabei. Alles wie in seinen schlimmsten Zeiten, in denen wir sogar versucht hatten, ihn mit Medikamenten ruhigzustellen. Es war ein Meilenstein, als uns klar wurde, dass sich Willi dieses Betragen als sicheren Weg angeeignet hatte, um von Papa den Fernseher angeschaltet zu bekommen.

Ich pickte mir aus dem Buch über ABA/VB alles das heraus, was mir für Willi und unsere Familie sinnvoll erschien. Vieles in dem Buch ging mir aber auch gegen den

Strich, zum Beispiel, dass ständig von «Heilung» die Rede war. Das muss für jede Mutter eines Kindes mit frühkindlichem Autismus ein Schlag ins Gesicht sein, wenn ihr vermittelt wird, sie könne die «Krankheit» ihres Kindes heilen, wenn sie nur die Devise des Buches berücksichtigte und jeden Tag als 24-Stunden-Therapieeinheit sehen würde.

Immerhin haben wir durch einige ABA-Prinzipien in wenigen Wochen eine Besserung in Willis Verhalten «erreicht», die andere therapeutische Maßnahmen überhaupt erst wieder möglich machten. Aber auch dies klingt einfacher, als es war. Denn am Anfang war es ein Kraftaufwand, und hier *musste* Matthias unbedingt mit mir an einem Strang ziehen, um Willis Verhalten umzudrehen. Ich fand mich in der alten Rolle wieder, in der ich meinem Mann vorzuschreiben versuchte, was er mit Willi zu tun hatte. Und bis heute bin ich anscheinend nicht in der Lage, das zu tun, ohne dass er sich bevormundet fühlt.

Das Erziehungsprinzip der positiven Verstärkung aber auch noch den Großeltern zu erklären, halte ich übrigens für unmöglich.

FAMILIENTHERAPIE

Seit Willi in die Schule geht, läuft fast die ganze Therapie dort, und zum Glück wird nur noch sehr selten an mein Pflichtbewusstsein als gute Behindertenmutter appelliert. Ich glaube nicht, dass Matthias überhaupt weiß, dass unser Sohn noch Therapien bekommt. *Jedes* Mal, wenn im Mitteilungsbuch steht, Willi habe eine Einreibung gehabt, ist er von Neuem erstaunt. Er hat das Thema Förderung mittlerweile abschließend verdrängt, und ich nörgle auch nur noch selten herum, weil er nicht genug Gebärden macht. Ich habe lange das Gefühl gehabt, die Therapie, die wir am nötigsten gebraucht hätten, wäre ohnehin eine Paartherapie gewesen. Aber wie gesagt: Mein Mann verdrängt ja Therapiebedarf gekonnt – auch den eigenen. Wir müssen wohl nicht nur lernen, Willi so zu nehmen, wie er ist, sondern auch uns gegenseitig. Mein letzter Versuch einer Familientherapie hat uns tatsächlich näher zusammengerückt: Die Therapeutin war so doof, dass sie für Matthias und mich als gemeinsamer Feind fungierte. Trotzdem denke ich, dass wir ein noch besseres Team sein könnten, wenn ich einen Weg finden würde, mich mit Matthias abzusprechen, ohne dass er es als Vorwurf empfindet. Manchmal fürchte ich, das Problem liegt darin, dass er mit dieser Empfindung sogar Recht haben könnte.

Ansonsten bin ich aber zum Glück schon lange von der Idee geheilt, aus meinem Sohn den Supermongo machen zu wollen. Willi ist einfach Willi, ein geistig schwerbehinderter, verhaltensorigineller, leider nicht sprechender Junge. Und das kommt sicher nicht daher, dass wir nie ein Pörnbacher Keilkissen besessen haben!

Ob ich selbst durch meinen Therapiedruck schuld an Willis oft abweisendem Verhalten bin, kann ich nicht sagen (aber meine Bereitschaft für Schuldgefühle legt es mir natürlich nahe) – genauso wenig, wie ich sagen könnte, wie viel welche Therapie überhaupt gebracht hat. Ich weiß nur ganz sicher, dass ich es schon lange satthabe, nicht einfach Mama zu sein, sondern ständig etwas von meinem

Sohn zu wollen und andauernd an ihm herumzunesteln. Die Grundpflege und Erziehung meiner Kinder reicht mir schon vollkommen als Konfrontationspotenzial – mehr schaffe ich nicht. Ich habe vieles von unseren Therapeutinnen und Therapeuten gelernt. Je mehr ich über Frühförderung weiß, desto klarer wird mir, dass in unserem normalen, ungezwungenen Spiel mit Kindern fast alles von dem vorhanden ist, was sie brauchen – ob behindert oder nicht. Aber genau diese unbeschwerte Zeit hatte ich mit Willi zu wenig, eben wegen der Ansprüche an mich und mein Kind. Man muss doch nicht extra ein Buch über Sprachförderung lesen, um zu wissen, dass für Kinder Reime, Fingerspiele und Lieder eine schöne Sache sind.

Aber in erster Linie braucht Willi, wie alle anderen Kinder, die Liebe seiner Eltern und das Gefühl, gut und richtig zu sein, so wie er ist. Und das tut mir am meisten leid – nicht die Tatsache, dass Willi nicht bei «Deutschland sucht den Superdownie" mitmachen kann –, sondern dass ich meinem Kind vielleicht das Gefühl gegeben habe, meine Erwartungen nicht zu erfüllen. Natürlich wünsche ich mir auch heute noch, dass mein Kind dazulernt, aber alles nur nach seinen Möglichkeiten. Und Förderung immer nur, wenn es ihm auch Spaß bringt.

Am liebsten sind mir alle Therapeuten, die mit Willi neue Spielideen oder Kommunikation anbahnen (denn wenn *ich* mit etwas Neuem komme, wehrt er sich mit Händen und Füßen), die ich dann in unseren Alltag übernehmen kann.

GLÜCKLICHE ELTERN, GLÜCKLICHE KINDER

Ich sage es zwar häufig zu anderen Müttern, selbst beherzige ich es aber selten: Nur wer gut auf sich selber achtet, kann auch für seine Kinder da sein. Und meine Anspannung überträgt sich ebenfalls immer auf meinen Partner. Wenn ich von Matthias auch nicht mehr erwarte, sich an meinem Perfekte-Eltern-Programm zu beteiligen, so kann ich mir aber doch an einer Hand abzählen, dass er sich nicht auf dem Sofa entspannt, während ich vergrätzt und hektisch versuche, derweil fünf Dinge gleichzeitig zu tun.

Ehrlich gesagt, gefalle ich mir in der Rolle selbst nicht besonders gut. Ich will doch eine gute Mutter sein, und ich weiß, dass eine entspannte Mutter eine gute Mama wäre. Das schließt sich bei mir aber aus mit dem Vorhaben, *alles* ganz besonders toll zu machen. Manchmal habe ich sogar das Gefühl, ganz locker und entspannt zu wirken sei noch eine extra Aufgabe, die ich leisten muss! Und das Gefühl, zusätzlich noch irgendeine Rolle spielen zu müssen, um für die anderen nicht wie die frustrierte Mutter des behinderten Kindes zu wirken, macht mich wirklich fertig.

Immer öfter höre ich jetzt auf meine Bedürfnisse. Dann schmeiße ich für die Kinder *Michel aus Lönneberga* an und lege mich zu ihnen aufs Sofa zum Schlafen. Und wenn ich kurz die Augen öffne und sehe, dass Willi gerade beherzt in einen ganzen Brotlaib beißt, lässt mich das an guten Tagen nicht aufspringen, sondern die Augen lieber schnell wieder schließen. Und am Sonntagmorgen sollte ich einfach öfter die Flasche Sekt entkorken, die mich schon die ganze Woche aus der Kühlschranktür angelacht hat, und meinem Mann einen wirklich entspannten Vormittag bescheren ...

DIE ELTERN SIND DIE EXPERTEN

Nur mit dem Talker und den Gebärden gehe ich Willi (und Matthias) noch manchmal fördertechnisch auf die Nerven. Man muss Willi zu seinem Glück oft etwas zwingen. Sich verständigen zu können finde ich einfach zu wichtig, als dass ich es zulassen mag, dass er sich ständig davor drückt. Ich fürchte, ein Großteil seines problematischen Verhaltens und das laute Schreien basieren auf seinem Mangel an Ausdrucksmöglichkeiten.

Leider ist es so, dass an diesem Punkt mittlerweile ich diejenige bin, die sich deutlich besser auskennt als viele Therapeuten, auf die wir treffen. Nachdem ich jahrelang von ihnen lernen sollte, bin ich sehr enttäuscht, wie schwer es zum Beispiel den Sozialpädiatrischen Zentren fällt, von den Eltern zu lernen. Ist es zu viel verlangt, dass für Räume, Tagesabläufe und die wichtigsten Alltagshandlungen Bildkarten mit METACOM-Symbolen vorhanden und die Gebärden bekannt sind? Anscheinend ja!

Und wenn die Mutter darauf Wert legt, dass der Talker wenigstens bei den Mahlzeiten für Willi griffbereit auf dem Tisch steht, warum kann es dann sein, dass es immer wieder heißt: «Wir brauchen das nicht»? Es ist ein Armutszeugnis für angebliches Fachpersonal, das unwillig ist, sich auch nur minimal mit einem neuen technischen

Gegenstand zu beschäftigen, auch wenn es nur bedeutet, ihn hinzustellen.

Wie oft habe ich den Satz gehört: «Die Eltern sind die Experten für ihr Kind», aber wie selten hat das wirklich jemand so gemeint! Fast immer wird er nur dann gesagt, wenn Fachleute selber ratlos sind oder die Eltern Dinge mit den Kindern umsetzen sollen, bei denen sie selber nicht weiterkommen.

Ja, wir sind die Experten für unser Kind. Aber nein, wir sind eigentlich nicht die Experten für Therapien und Förderung. Ich möchte, dass mir Therapeuten Arbeit und Verantwortung abnehmen und nicht noch mehr aufbürden.

Mein schlechtes Gewissen habe ich trotzdem noch, wenigstens manchmal – weil ich fürchte, Willi zu überfordern, oder weil ich ihn vielleicht doch noch etwas besser fördern könnte?

GESCHWISTERKINDER IM RAMPENLICHT

Vor einigen Jahren initiierte die Novartis Stiftung «FamilienBande» – die sich für die Gesundheit der Geschwister chronisch kranker oder behinderter Kinder engagiert – einen Wettbewerb für Design-Studenten. Die preisgekrönten Plakate fand ich inhaltlich durchweg blöd. Wahrscheinlich fühlte ich mich von ihnen angegriffen, denn allesamt waren sie im «Mama, ich bin auch noch da»-Tenor und prangerten die vermeintliche Vernachlässigung des nicht behinderten Geschwisterkindes an. Die Poster appellierten mal wieder an mein schlechtes Gewissen, was mich sofort skeptisch stimmt.

Ich kenne ziemlich viele Familien mit behinderten Kindern. Ich kann mich an keine einzige erinnern, in der ich das Gefühl hatte, einem vernachlässigten Geschwisterkind begegnet zu sein. Im Gegenteil: Es gibt viele starke Persönlichkeiten, die aus der besonderen Familiensituation gewachsen sind. Und ich glaube nicht, dass ich auch nur eine einzige Mutter eines behinderten Kindes kenne, die es nötig hat, daran erinnert zu werden, sich auch um die Bedürfnisse ihrer nicht behinderten Kinder zu kümmern. Eigentlich sehe ich immer nur Frauen, die höchstens sich selbst vernachlässigen und ihre Partner, aber bestimmt nicht ihre Kinder.

Ich kenne mehrere Erwachsene mit behinderten Geschwistern. Einer ist etwa fünfzehn Jahre älter als ich. Er hat sogar gleich zwei behinderte Brüder. In ihm spüre ich nie Wut gegen seine Mutter, weil sie sich nicht genug um ihn gekümmert hätte. Er wirft ihr lediglich vor, dass sie sich selbst vollkommen aufgegeben habe – dafür verachtet er sie sogar.

Ein anderer Freund ist jünger als ich, und er kann seinem Vater nicht verzeihen, dass dieser, statt die Behinderung seines Bruders anzunehmen, seit zwölf Jahren Gerichtsprozesse führt, um den vermeintlich «schuldigen» Kinderarzt zu belangen. Dieser Vater vernachlässigt in den Augen seines Sohnes gleich die ganze Familie, inklusive dem behinderten Kind.

Ich finde es gut und wichtig, das professionelle Augenmerk immer wieder auch auf dem nicht behinderten Geschwisterkind zu haben. Zugegeben, es läuft wahrlich nicht immer stressfrei bei uns zu Hause ab. Wenn ich mich umschaue, sehe ich in meinem Umfeld aber viele Kinder, die mit besonderen Herausforderungen aufwachsen – fast jede Familie trägt ihr Päckchen. Die einen haben eine Fluchtgeschichte und Kriegserfahrungen hinter sich, die eine Mutter hat ein Problem mit Alkohol, eine andere kämpft mit chronischen Depressionen, und andere pflegen ihre kranken Eltern. Andere Familien, bei denen alles problemlos zu laufen scheint, setzen sich und ihre Kinder mit so enormen Erwartungen unter Druck, dass sie daran zerbrechen.

Und wie viele Paare leben getrennt und stehen ständig vor den Schwierigkeiten, die eine solche Situation mit sich bringt? Mütter behinderter Kinder können das dauerschlechte Gewissen nicht für sich allein in Anspruch nehmen, wir dürfen es mit vielen anderen Müttern teilen.

Wenn ich Olivia mit ihren sieben Jahren so anschaue, dann sehe ich ganz sicher nicht das, was mit dem furchtbaren Wort «Schattenkind» bezeichnet wird – dahinvegetierend im Schatten ihres behinderten Bruders. In einem Text, den ich zum Geschwisterthema gefunden habe, heißt es: «Unter diesem riesigen Schatten leben Schattenkinder einsam, traurig, bitter, ohne Liebe.»

Wenn ich meine Tochter anschaue, sehe ich ein extrem selbstbewusstes, charakterstarkes Mädchen, welches sich gekonnt ins Rampenlicht stellt, wo immer es möglich ist. Sie kann um ein Vielfaches besser ihre Bedürfnisse einfordern als ihr behinderter Bruder und tut das auch! Sie sorgt selbst gut dafür, dass sie nicht zu kurz kommt, und einen Helferkomplex kann ich beim besten Willen auch nicht bei ihr feststellen.

Einsam? Traurig? Ohne Liebe? Ich möchte wirklich nicht behaupten, alles richtig zu machen, aber Liebe habe ich für meine beiden Kinder unendlich viel. Manchmal habe ich sogar ein schlechtes Gewissen Willi gegenüber, weil Olivia mir oft so große Freude bereitet: durch ihre Sprache, mit ihren gemalten Bilder und den vielen Dingen, die wir gemeinsam machen können, die mit ihm nicht möglich sind. Wer würde mit mir Marmelade kochen, Kastanientiere basteln, filzen oder Fahrradtouren machen?

Ich habe das Gefühl, dass keines der gängigen Vorurteile über Geschwister von behinderten Kindern auf meine Tochter zutrifft, auch nicht die positiven. Sie ist nicht besonders sozial zu Hause, sie ist auch nicht besonders eng mit ihrem Bruder und spielt eigentlich fast nie mit ihm, was ich ihr nicht vorwerfe, denn man kann mit Willi aus ihrer Sicht ja auch noch nicht wirklich spielen. Und ihm eine

Stunde lang die Puzzleteile an die richtige Stelle zu schieben und dabei ständig laute Blasmusik zu hören – das kann man von ihr doch auch nicht erwarten. Das macht nur mir Freude und Willis Oma, ansonsten muss ich jemanden dafür bezahlen, der diese Aufgabe übernimmt.

Willi und Olivia existieren bei uns zu Hause einfach mehr oder weniger friedlich nebeneinander. Wo immer es geht, versuche ich, ein gemeinsames Spiel zu finden und zu begleiten, etwa mit einem Ball im Garten oder auf dem Trampolin, aber Olivia hat schon gelernt, dass Willis Begeisterung und Liebe oft schmerzhaft sind, sodass sie regelrecht in Deckung geht und um Hilfe ruft, wenn er ihr zu nahe kommt. Selbst gemeinsam fernsehen ist schwierig, denn wenn sich Willi endlich nach der x-ten Wiederholung langsam an einen Film gewöhnt hat, hängt er ihr bereits komplett zu den Ohren heraus.

Man kann aber auch nicht sagen, dass Olivia ein schlechtes Verhältnis zu ihrem Bruder hat. Zu ihrer Kindergeburtstagsfeier ist er zwar nicht mit eingeladen, aber sonst spielt sie mit ihren Freunden bei uns zu Hause ganz selbstverständlich neben Willi und um Willi herum. Natürlich nervt es sie, wenn ich mich so viel um ihn kümmere. Immer wieder muss ich unsere Tätigkeiten unterbrechen, um ihm einen Stock wegzunehmen, mit dem er in dem Kaninchenstall stochert, oder eine Schere, mit der er versucht, unsere Vorhänge zu zerschneiden. In der Regel baue ich mit Olivia ein Spiel deswegen lieber erst auf, wenn ich Willi ins Bett gebracht habe, oder ich parke ihn eine Weile mit seinem Lieblingsfilm vor dem Fernseher (aktuell ist es ein Bach-Blaskonzert in irgendeiner Kirche) oder wenn er mit Oma murmelt. Ich sorge auch dafür, dass wir ab und zu einen ganzen Tag Zeit zu zweit haben, das sind die «Olivias-Wunschtage» – meist gehen wir dann ins Schwimmbad oder machen Extrembasteln. Und auch für Willi richte ich immer mal einen ganzen Tag ein, an dem nur er im Mittelpunkt stehen darf, dann gehen wir auf den Bauernhof oder ins Konzert. Gerne hätte ich noch mehr solche wertvolle Zeit für meine Kinder, aber welche berufstätige Mutter wünscht sich das nicht?

Ja, Olivia lernt vielleicht eher als andere Kinder, dass man auch mal Rücksicht nehmen muss und dass verschiedenerlei Maß angesetzt wird und nicht immer alles geht, was man sich wünscht. Aber wenn ich mir einige ihrer Freundinnen so anschaue, die wie große Diven durchs Leben stolzieren und mir durchgängig befehlen, ihnen bei ihren «Kunststücken» zuzuschauen, dann finde ich es gar nicht so schlecht, dass meine Tochter schon gelernt hat, dass sie nicht allein auf der Welt existiert. Dem einen oder anderen dieser Kinder würde etwas weniger Aufmerksamkeit bestimmt ganz guttun!

Ich fürchte, ohne Willi im Haus wäre ich eine der Mütter geworden, die ihren Kindern einen riesigen Freizeitstress gemacht hätte – mit Cello-Unterricht, Tanzkurs, Töpfern, Turnverein und mit Museum und Kinderkonzert an jedem Wochenende. Nun gibt's für Olivia nur Turnen, zu dem Oma sie hinbringt, der Rest ist Zeit zum Spielen und für die leidige Schule. Ob ihre Schulprobleme und ihr Hardcore-Individualismus durch unsere Situation zu Hause verursacht sind? Ich weiß es nicht, und ich kann es auch nicht ändern.

Als ich selber Kind war, hatte ich eine gute Freundin mit einem autistischen Bruder (also einem richtigen Autist!). Ich erinnere mich genau an unsere erste Begegnung: Auf dem Campingplatz vor ihrem Wohnwagen waren alle Klappstühle eng hintereinander in einer Reihe aufgestellt. Ein Junge saß laut schreiend auf einem der Stühle. Ich dachte, er sei eingeklemmt. Seine Schwester saß auf dem Klappstuhl hinter ihm, und ich rief ihr aufgeregt zu: «Du tust ihm doch weh!» Sie schaute mich gelassen an und sagte nur: «Nö, der schreit immer so. Hast du Lust zu spielen?» Wir wurden in diesem Sommer beste Freundinnen. Ihr Bruder war einfach so, wie er war – sehr eigenartig, aber für uns dann normal. Wir spielten immer nur zu zweit, weder zusammen mit ihrem behinderten noch mit meinem nicht behinderten Bruder.

Ich erinnere mich gut an ihre Mutter, sie war sehr viel mit dem Bruder beschäftigt. Aber manchmal bastelte sie mit uns zusammen im Wohnwagen. Ich fand sie toll. Ja, absolut großartig fand ich diese Mutter, die sich so viel Zeit für uns nahm und jede Menge Geduld und tolle Ideen hatte. Ich habe mich von meiner Mutter nie vernachlässigt gefühlt, habe aber auch keine einzige Erinnerung daran, jemals so intensiv mit ihr gebastelt zu haben.

Heute weiß ich, dass das «wertvolle Zeit» war, die sich diese Mutter für ihre Tochter genommen hatte. Denn auch sie hatte ganz sicher das schlechte Gewissen und die Angst, ihr nicht behindertes Kind zu vernachlässigen, und das große Bedürfnis, manchmal ganz und gar für es da zu sein.

Was Olivia wohl selbst einmal über ihre Kindheit sagen wird? Es kann nicht sein, dass sie denkt, ich hätte sie nicht geliebt, unmöglich! Aber sicher wird sie sich auch an die Momente erinnern, in denen ich so erschöpft und gereizt bin, dass ich sie ungeduldig behandle und nicht auf ihre Bedürfnisse eingehe. Wird sie später auch sagen, ich hätte ihren Bruder mehr geliebt als sie? Einmal habe ich eine Radiosendung über «normale» Geschwister gehört, die unabhängig voneinander interviewt wurden und alle jeweils von dem anderen vehement behaupteten, er sei das Lieblingskind gewesen. Vielleicht wird sie mir eines Tages den Vorwurf machen, sie hätte immer «funktionieren» müssen. Und tatsächlich habe ich da hohe Erwartungen an sie, denn meine Dankbarkeit darüber, dass sie «normal» ist, ist wirklich unendlich groß.

Obwohl ich den Titel «... *und um mich kümmert sich keiner!*» ganz furchtbar fand, fühlte ich mich vor Kurzem doch verpflichtet, mal ein Buch zum «Geschwisterthema» zu lesen. Und siehe da, der Tenor des Buches war gar nicht das blöde Klischee, dass jedes Geschwisterkind eines behinderten Kindes automatisch vernachlässigt sei. Vielmehr beleuchtete die Autorin Ilse Achilles – selbst Mutter eines behinderten Kindes – die Faktoren, die dazu führen, warum manche Kinder psychisch stark belastet und andere als besonders starke Persönlichkeiten aus so einer Konstellation hervorgehen. Nicht die Zeit, die man für das eine oder andere Kind aufbringt, ist ausschlaggebend, sondern die grundsätzliche Akzeptanz und die Umgehensweise der Eltern mit der Behinderung spielen die Schlüsselrolle. Aber auch eine gute soziale Einbindung der Familie und der offene Dialog sind wichtige Voraussetzungen für eine gesunde Seele aller Beteiligten. Von Bedeutung ist auch das Zulassen von Wut und Aggression gegen das behinderte Geschwisterkind – ein Thema, bei dem ich mir selbst an die Nase fassen musste, denn ich erlaube Olivia nicht, ihren Bruder mal von Herzen bescheuert zu finden oder gar zurückzuhauen. Aber andere negative Faktoren – dass Olivia sich zum Beispiel um Willi kümmern muss oder ihn mit auf den Spielplatz nehmen soll – gibt es bei uns nicht. Diese Verantwortung könnte sie auch gar nicht tragen.

Wir haben eine starke Tochter, sie ist humorvoll und offen, sie kann klar kommunizieren und sich deutlich abgrenzen, sie kann anderen helfen und trotzdem gut für sich sorgen. Ich bin wirklich stolz auf Olivia. Auf meinem Plakat wäre sie auf jeden Fall der Star und nicht das arme Opfer!

Alle reden von der Wegwerfgesellschaft, nur bei uns zu Hause bleibt alles liegen! Dass ich mich selbst schwer von Dingen trennen kann, darf ich zum Glück immer meinem Künstlerdasein in die Schuhe schieben. Ich weiß ja nie, ob ich aus diesem Bildband beispielsweise nicht irgendwann noch eine Seite für eine Collage nutzen möchte oder aus jenem alten Shirt noch mal etwas nähen will. Und zum Unterlegen oder als Wischlappen geht ja eigentlich alles noch!

Ich hoffte aber, mit dem Eintritt ins Schulalter (und dem Umstand, dass nun der Müll im Schulranzen selbst geschleppt werden muss) wäre wenigstens meine Tochter endlich kuriert vom ewigen Sammeln von Steinen, Stöcken, Schrauben, Drähten und jedem erdenklichen anderen Müll. Stattdessen muss ich nun täglich Olivias Ranzen, sämtliche Taschen und sogar die Schuhe ausleeren, da sie darin sonst am Ende der Woche das Doppelte ihres Eigengewichts an Kram angehäuft hätte. Natürlich ist das alles ganz und gar kein Müll, es sind vielmehr ihre Schätze – und jedes einzelne Teil davon kann man irgendwann im Leben noch mal dringend brauchen. Selbst den Sand aus den Jackentaschen darf ich nicht ausschütteln, es handelt sich dabei anscheinend um «Seltene Erden»!

Das Schlimme ist: Ich kann Olivia so gut verstehen. Und das macht für mich das Ausmisten umso schwieriger, da ich ja genau weiß, dass wir das Stück Holz, das ich nun schon hundertmal in die Hand genommen habe, um es endlich wegzuwerfen, genau dann dringend benötigen werden, wenn ich es endlich entsorgt habe. Als Alibi, um möglichst all die wertvollen Gegenstände meiner Tochter behalten zu können, haben wir schon alles Mögliche und Unmögliche mit Steinen und Muscheln beklebt, Sand eingefüllt und skurrile Mobiles gebastelt. Doch auch dieses Zeug muss ja wieder gelagert werden und lässt sich nicht unendlich anhäufen. Außer man sorgt regelmäßig für Anbauten am Haus ...

Mein armer, armer Mann! Ihm waren es schon zu viele Bilder in unserer Wohnung, bevor wir überhaupt Kinder hatten. Hauptsächlich ihm zuliebe mache ich mich nachts manchmal auf heimliche Wegwerfstreifzüge durch Olivias Sammelsurien aus Strandgut und verrosteten Metallteilen im wüsten Durcheinander mit unendlich viel Glitzer- und Plastikkleinscheiß, Perlen, Aufklebern und selbst gebasteltem Schnickschnack. Aber da ich ja auch jedes Teil mehrfach umdrehe, bevor es wegkommt, dauert es ewig, und ich habe immer nur eine kleine Ausbeute. Auch kann ich fast darauf schwören, dass genau am folgenden Tag meine Tochter morgens zufällig draußen in die Mülltonne schaut und mich erwischt. Aber noch schlimmer ist es, wenn sie unbedingt einen vor Ewigkeiten angeschleppten Lehmklumpen benötigt und in Tränen der Enttäuschung ausbricht, wenn ich zugeben muss, dass ich ihn weggeworfen habe.

Ich weiß doch, wie wunderbar es sich anfühlt, plötzlich Verwendung für etwas scheinbar Nutzloses zu finden, das einen schon so lange begleitet hat. Eine alte Baumwurzel ist für Olivia und mich eben nicht einfach ein dreckiger Stock, sondern eine Verheißung auf einen wunderbaren Moment im Leben, in dem wir daraus endlich irgendetwas Großartiges machen werden. Und je länger ein Teil bei uns liegt und uns begleitet, desto enger wird die Beziehung zu diesem scheinbar nutzlosen Gegenstand.

Es gibt Leute, die kaufen sich in Einrichtungshäusern sogar Steine oder ganze Gebinde aus langen Stöcken, um sie sich freiwillig ins Wohnzimmer zu stellen. Für meinen Mann ist das eines der größten Rätsel der Menschheitsgeschichte, wie man dafür auch noch Geld ausgeben kann, wenn man schon das Glück hat, nicht mit einer Frau wie mir und einer Tochter wie der seinen leben zu müssen!

Neben der Tochter – die alles aufbewahren muss – haben wir in Willi einen Sohn, der ebenfalls kein vollwertiges Mitglied unserer Wegwerfgesellschaft ist. Er wirft zwar alles Mögliche durch die Gegend (mit Vorliebe den von der kleinen Schwester gesammelten Krimskrams), aber er selbst wirft praktisch nie etwas in den Mülleimer. Und da ich kein besonders großes Vertrauen in sein Urteilsvermögen habe, ist es vielleicht auch ganz gut so, dass er den Mülleimer noch nicht als Entsorgungsort für ungeliebte Gegenstände entdeckt hat. Bis jetzt wirft er alles, was ihn nervt oder wofür er gerade keine Verwendung hat, einfach in hohem Bogen davon oder stopft es maximal in den Wäschekorb oder die Waschmaschine. Sonst aber hat Willi nichts mit der viel zitierten Wegwerfgesellschaft zu tun – man könnte ihn sogar als echten «Antikapitalisten» bezeichnen. Er möchte nie etwas Neues haben. Seine abgeronzte Lieblingspuppe sieht mit ihrem verfilzten Haarklumpen, der Stirnglatze und dem verdreckten Körper wirklich zum Gruseln aus. Und dazu ist sie auch noch immer nackt, denn saubere Kleidung an der Puppe wäre eine wirklich unzumutbare Veränderung. Heimlich hat sie bei uns den Spitznamen «Dreckstück» bekommen. Ihr musste neulich sogar ein Bein amputiert werden, was Willi erstaunlich gut verkraftet hat, denn alles ist besser als eine neue Puppe!

Willis Weigerung, an der Konsumgesellschaft teilzunehmen (außer wenn es um Nahrungsmittel geht), kann seine Umwelt natürlich nicht davon abhalten, ihn trotzdem ständig mit neuen Dingen zu belästigen. An ihm ist mir ganz klar geworden, wie oft es uns beim Schenken um uns selbst geht und nicht um den Beschenkten. Willi wickelt begeistert aus und wirft den Inhalt dann genervt von sich (außer natürlich, er ist essbar). Ich könnte eigentlich den Großteil aller Geschenke für ihn immer gleich weiterverschenken oder, wenn ich es denn könnte, wegwerfen ... Aber da Olivia ja alles gebrauchen kann, komme ich gar nicht erst in diese Konfliktsituation.

Für meinen Mann, der es reizarm liebt, sind Geburtstage und Weihnachten im wahrsten Sinne des Wortes eine Belastung, weil wieder zwei Kubikmeter Kram ins Haus geschwemmt werden, der überall herumliegt oder aus offenen Schränken und Schubläden quillt. Aber selbst er, der weiße Wände und freie Flächen liebt, ist nicht gut darin, etwas wegzuwerfen. In ihm kämpft der Wunsch nach Klarheit und Minimalismus mit einem extrem ausgeprägten Spartrieb. Er liebt es zwar, Dinge zu entsorgen, aber eben erst dann, wenn sie wirklich aufgebraucht sind. Eine leere Cornflakes-Packung faltet er hoch erfreut zusammen und wirft sie blitzschnell (damit ich bloß nicht mit Olivia noch etwas daraus bastle) in den Papiermüll: Endlich ein Teil weniger in der Küche! Ich kann diese Befriedigung nicht wirklich nachvollziehen, denn es ist doch klar, dass morgen schon irgendwelche neuen Cerealien gekauft werden. (Nebenbei gesagt: Ist das nicht ein schönes Wort – «Cerealien»? Sogar Worte sammle ich und bewahre sie auf.)

Über einen Blumenstrauß freut sich mein Mann nur in dem Augenblick von Herzen, wenn er ihn endlich auf den Kompost werfen kann. Manchmal habe ich die Befürchtung, dass er die Kinder und mich ebenfalls als eine vorübergehende Störung seiner Ordnung betrachten könnte, so wie den Strauß Blumen auf unserem Tisch. Aber diese Vorstellung verdränge ich lieber ganz schnell.

Dinge, die Matthias nicht interessieren oder die er eigentlich gar nicht haben will, aber aufgrund seiner Knickrigkeit nicht wegzuwerfen vermag, schafft er gerne aus seinem Blickfeld, indem er sie «aufräumt». Das bedeutet bei meinem Mann, dass er das Zeug an irgendeinem abstrusen Ort versteckt, wo er gerade einen Platz findet. Das kann dann auch mal das Gartenhaus oder die Fahrradgarage sein. Aus den Augen, aus dem Sinn!

Schon das Ausräumen der Spülmaschine sorgt bei uns für Konflikte. Matthias möchte die Maschine möglichst schnell ausräumen; das bedeutet, dass er keine Lust hat, großartig den Sparschäler in ein spezielles Fach zu legen oder etwa große Töpfe oder Schüsseln ineinanderzustapeln, und deshalb das Zeug einfach woanders in den Schrank stellt. Weil ich nie einen Sparschäler auf Anhieb finde, habe ich mittlerweile schon den vierten gekauft, diese Taktik überfüllt unsere Schränke aber noch mehr.

Und wenn Mattias zum Beispiel die große Tupperschüssel aufräumen will, dann aber vor dem vollen Auszug steht, in den er gestern kurzerhand die Nudelmaschine entsorgt hat, und daraufhin die Tupperschüssel am besten noch an einen dritten Ort wandert, macht mich das wahnsinnig. Ich suche ja ohnehin schon den halben Tag Mützen, Olivias Schnuffeltuch und den Zettel für die Hortanmeldung, da kann ich nicht auch noch in der Küche vier Schränke öffnen müssen, um meine große Tupperschüssel zu finden! Das Suchen dauert für mich dann länger als das Ausräumen selber – behaupte ich auf jeden Fall, während ich zeternd alle Schränke aufreiße und so tue, als ob mein Leben einfacher wäre, wenn ich von vornherein alles selbst machen würde. Trotzdem, Matthias hat kein Unrechtsbewusstsein.

Erstens: Er wollte überhaupt nie so eine große Tupperschüssel haben (und eine Nudelmaschine schon gar nicht!).

Zweitens: Wenn im richtigen Schrank kein Platz war, *musste* er die Sachen doch woanders hintun.

Drittens: Ich könnte ja die verdammte Spülmaschine auch selbst ausräumen, wenn er es nicht gut genug macht.

Irgendwie hat er bei allen Punkten recht, trotzdem streiten wir uns darüber regelmäßig, denn ich finde, dass man die Sachen dann genauso gut auch wegschmeißen könnte, denn man findet das Zeug niemals wieder – auf jeden Fall nicht in den Momenten, in denen man es benötigt. Ich muss selbstkritisch dazu sagen, dass Matthias ja im Prinzip gerne das Zeug wegwerfen würde. Ich bekomme einfach unverhältnismäßig schlechte Laune beim Suchen und verdächtige Matthias grundsätzlich, dass er die Sachen irgendwohin aufgeräumt haben könnte. Doch tatsächlich ist die Wahrscheinlichkeit ungleich höher, dass es meine selbst verursachte Unordnung ist, weshalb ich so oft etwas suchen muss, erschwert durch den Umstand, dass natürlich auch noch zwei Kinder in dem Wust aus Krimskrams herumrühren, der sich bei uns nicht nur in den Schränken, sondern auch auf dem Flur, der Treppe, allen Ablageflächen oder dem Fußboden anhäuft. Ich fürchte, Matthias meint, dass bei unserem häuslichen Dauerdurcheinander das Verursacherprinzip gilt: Nicht nur das, was ich anhäufe und unaufgeräumt lasse – was zugegeben eine Menge ist –, geht auf meine Kappe, sondern auch noch alles, was die Kinder an Dreck und Chaos produzieren – was ja bekanntlich unendlich ist! Immerhin habe ich die beiden doch auf die Welt gebracht, oder nicht?

Aber ganz egal, wer für unsere Rumpelbude verantwortlich ist, man kann das Zeug doch nicht einfach *irgendwo* hinräumen! Das führt nur dazu, dass ich ständig neue Sparschäler anschaffe, damit endlich mal einer griffbereit ist, die dann unsere Schränke nur noch mehr verstopfen.

Wenn *ich* aufräume, dann räume ich *richtig* auf: alles aussortieren, Schrankböden putzen, Aufbewahrungsboxen besorgen und beschriften, Excel-Tabellen anfertigen, in denen alphabetisch aufgeführt ist, was wo zu finden ist usw. So etwas braucht natürlich Zeit, und deswegen habe ich es auch bis jetzt noch nie getan. Aber so *würde* ich es tun! Bis dahin räumt eben Matthias auf – und im Großen und Ganzen bin ich damit eigentlich doch ganz glücklich.

EINFACH IST GAR NICHTS!

Wenn ich über das Chaos bei uns zu Hause herumjammere, weil ich Angst habe, Matthias könnte eines Tages eine ordentlichere Frau finden, empfiehlt mir öfter jemand, ich solle doch *einfach* eine Putzfrau nehmen. Andere Leute haben immer so wunderbar simple Lösungen für meine Probleme!

Wie soll jemand unseren ganzen Kram aufräumen, wenn ich selber nicht weiß, wohin damit? Allein schon beim Abnehmen der Wäsche mache ich acht Stapel, das kann man niemandem erklären: Matthias, Willi, Olivia, ich, Bügelwäsche, heil machen, Aussortiertes, Wechselsachen. Die Wechselsachen kommen direkt in Willis Ranzen, aber den ganzen Rest räume ich in der Regel nicht rechtzeitig weg, bevor die Kinder nach Haus kommen (oder irgendetwas anderes passiert), und am Abend ist dann wieder alles durchwühlt, weil Olivia das Schafskostüm nicht finden konnte oder Matthias alles auf einen Haufen in mein Zimmer geworfen hat. Immerhin kann er nur so sichergehen, dass ich nicht meckere, weil er «Aussortiertes» und «heil machen» zurück in die Schränke geräumt hat und weil schon wieder all meine Socken bei Willi liegen und meine Strumpfhosen bei Olivia.

Früher, als ich noch keine Kinder hatte, kam mir das theoretische Elternsein auch viel einfacher vor. Ich habe mir oft ein Urteil über das Verhalten von anderen angemaßt, und wenn ich ganz ehrlich bin, tue ich das sogar heute noch, dabei müsste ich es jetzt wirklich besser wissen.

Dass ich Gedanken hatte wie «Kinder können doch einfach allein zur Schule gehen», «sie müssen einfach lernen, ihre Hausaufgaben selbstständig zu machen» oder «so ein grässliches Filly-Pferd-Schloss gibt es einfach nicht» ist nicht so lange her. Erst seit ich selber Kinder habe, lerne ich, dass eigentlich auf den zweiten Blick nie etwas «einfach» ist, weder mit Willi noch mit Olivia. Für jede Situation, die Außenstehenden noch so bizarr anmuten mag, gibt es in der jeweiligen Familie ganz plausible Erklärungen.

Mancher mag sich zum Beispiel fragen, warum wir bei Konzerten Willi zum Dirigieren kleine chinesische Essstäbchen in die Hand geben, mit denen er einem dann ziemlich auf die Nerven gehen kann. Er fuchtelt anderen vor dem Gesicht herum oder trommelt manchmal auf einer Stuhllehne. Ab und zu fliegen die Stäbchen auch umher. «Geben Sie ihm die Dinger doch einfach nicht», sagen andere Leute leichthin. Doch hinter fast jedem auffälligen Elternverhalten steckt in der Regel eine lange persönliche Geschichte, die man aber unmöglich überall da erzählen kann, wo man sich rechtfertigen müsste.

Den Drang zum Dirigieren beispielsweise hat Willi erst vor kurzer Zeit entfaltet. Ich denke, der Leiter des Duvenstedter Blasorchesters ist sein Role Model gewesen.

Willi hört gerne klassische Musik, besonders auf der Toilette. Da er irgendwann begann, durchgängig zur Musik wild mit der Klobürste und dem Toilettenpapier zu fuchteln (und wenn beides nicht zur Hand ist, tut er es mit den Handtüchern, die neben dem Waschbecken hängen und denen er dabei grundsätzlich den Haken abreißt), gaben wir ihm als Ersatz zum Dirigieren ein Stäbchen in jede Hand. Das ging ganz gut. Bald holte sich Willi beim Musikhören immer selbstständig vorher zwei chinesische Essstäbchen, was deutlich angenehmer ist, als wenn er in seinem Überschwang versucht, den Takt mit einem vollen Glas Milch anzugeben.

Im Sommer gibt es bei uns regelmäßig sonntags nachmittags Live-Musik im Park. Ich liebe Hamburg dafür, dass es solche Orte gibt, zu denen wir mit Willi gehen können, um Musik zu hören – ohne jegliche Formalitäten. Wir wussten, dass er dort seine Stäbchen brauchte, aber da wir nicht wollten, dass er andere Zuhörer damit stört, sollte er «einfach» mal ohne Stäbchen auskommen. Die Folge war, dass Willi ständig auf dem Boden herumkroch, wo er sich gebrauchte Strohhalme oder alte Eisstiele als Taktstöcke zusammensuchte. Aber auch die Gehhilfen älterer Leute schwang er gerne durch die Luft. Das größte Problem waren aber seine Ausflüge ins Gebüsch, aus dem er matschbeschmiert und mit gigantischen Knüppeln fröhlich dirigierend wieder hervorkroch.

Und so kommt es, dass wir für Willi immer ein paar Essstäbchen in der Tasche haben müssen, die definitiv das kleinere Übel sind. Kann ich das der rothaarigen Dame erklären, die mir pikiert und ohne uns anzublicken murmelt, ob man «dem» nicht «einfach mal diese Dinger» wegnehmen könne? Nein!

Und auf die Frage: «Warum geht deine Tochter nicht einfach allein zur Schule?», nachdem wir am Ende des ersten Schuljahres vor dem Schulgebäude ein Abschiedsdrama hingelegt haben, das dem ersten Tag einer Kita-Eingewöhnungsphase mit einer mamafixierten Dreijährigen in nichts nachsteht, müsste ich wohl unsere gesamte Lebensgeschichte erzählen. Es ist ja nicht so, dass *ich* nicht möchte, dass Olivia allein geht, *sie* verweigert es ja! Aber ich habe keine Lust, mich zu rechtfertigen. Man kann doch auch mal darin vertrauen, dass Eltern in der Regel gute Gründe haben, bestimmte Dinge zu tun oder auch nicht zu tun.

Manchmal brauchen Kinder auch einfach mehr Zeit, und es bringt gar nichts, sich vorher zu sehr verrückt zu machen. So war es bei Olivia zum Beispiel mit der Windel. Natürlich trägt das Durchschnittskind mit sieben Jahren nachts keine Windeln mehr, aber bei uns war es eben so. Ich hatte keine Lust, zum Arzt zu gehen oder ein großes Problem daraus zu machen. Für Olivia war es keine große Sache, vielleicht weil Willi ebenfalls Windeln trägt. Und seit Kurzem ist die Windel nachts plötzlich «einfach» trocken, ohne dass wir uns damit gestresst hätten. Schade, dass es bei Willi nicht auch so «einfach» ist ...

Aber es lässt sich nicht jedes Verhalten eines Kindes dahingehend beeinflussen, wie man es gerne möchte, auch nicht mit Strichlisten, Smileys und den tollsten Spielideen. Eltern, die sich jede positive Entwicklung ihrer Kinder als ihr «Verdienst» anrechnen, gehen mir auf die Nerven. Dadurch werden alle Mütter und Väter, die Probleme haben, automatisch zu Versagern.

An der Situation etwa, dass ein Kind überhaupt nicht zur Schule gehen mag und jegliches Schullernen verweigert, ist gar nichts einfach. Und obwohl ich es besser wissen müsste, sage ich zu Olivia, wenn sie Hausaufgaben machen soll: «Du musst dich einfach nur kurz konzentrieren.» Dabei ist für sie ja genau *das* so schwierig und nicht einfach! Ich versuche, unseren beiden Kindern die Zeit zu geben, die sie brauchen, um sich zu entwickeln. Willi läuft ja, schulisch gesehen, glücklicherweise außer Konkurrenz, aber bei Olivia scheint sich die Umwelt parallel in Warp-Geschwindigkeit weiterzubewegen – es gibt keine Zeit, anzuhalten und ein Kind wieder einsteigen zu lassen.

Dagegen sind meine Wäscheberge und die chinesischen Dirigierstäbchen gar keine echten Probleme. Erst seit ich selber Kinder habe, weiß ich, wie es dazu kommen kann, dass Kinder grässliche rosa Plastikschlösser besitzen, die auch noch blinken und dudeln, in denen sie mit unzähligen, unvorstellbar hässlichen, glubschäugigen Pferden mit beknackten Namen spielen.

Sie denken, sie würden das einfach nicht erlauben? So etwas ist schwerer zu verhindern, als sich mit Olivia durch ihre erste Klassenlektüre zu quälen oder Willi die Ohren sauberzumachen – auf jeden Fall, solange es in der Familie noch irgendwelche Verwandten gibt!

GEBURTSTAGS-HYPERAKTIVITÄTS-SYNDROM

Die sogenannten «Cake-Pops» sind ein sicheres Symptom dafür, dass die Mutter an GBHS* leidet!

* *GBHS = Geburtstags-Hyperaktivitäts-Syndrom*

Ich möchte mich einmal wieder im Leben so sehr auf etwas freuen wie meine Kinder auf ihren Geburtstag! Und natürlich möchte ich, dass sie dann auch wirklich einen tollen Tag haben, denn das ist nicht selbstverständlich bei einer Mutter wie mir, die dazu neigt, komplett unrealistische Ansprüche an sich selbst zu haben, und damit natürlich die ganze Familie unter Druck setzt.

Als Willi noch kleiner war, habe ich mich oft gefragt, ob er wohl eines Tages das allgemeine Konzept von «Geburtstag» (damit meine ich: Feier, Kuchen, Geschenke) verstehen werde. Die Vorstellung, er würde sich niemals auf seinen Geburtstag freuen, machte mich traurig. Aber ich hatte ihn unterschätzt. Als er sieben geworden war, schaute er uns an den Tagen nach seinem Geburtstag morgens erwartungsvoll an und machte die Gebärden für *Kuchen* und *singen*. Und als er seinen Sprechcomputer bekam, lautete einer seiner ersten Sätze damit: «Ich möchte Geburtstag, ich möchte Geschenk.» Letztes Jahr fieberte er sogar erstmalig dem Ereignis entgegen und gebärdete täglich vielfach das Wort «Geburtstag». Ich versuchte, mich ganz doll zusammenzureißen, um nicht – angesteckt von seiner Begeisterung – wieder ein Fest auszurichten, das an seinen Bedürfnissen komplett vorbeigeht.

Zu lebendig war meine Erinnerung an seinen siebten Geburtstag, an dem ich in meiner Naivität seine ganze

Klasse eingeladen hatte – ich dachte: endlich Schulfreunde, endlich Kindergeburtstag! Ich war sehr enttäuscht, dass von den sieben Kindern nur drei kamen, aber mit denen waren wir hier dann absolut überfordert. Willi war schon ausgeflippt, bevor auch nur der erste Besucher da war, weil ein Riesen-Kuchen auf dem Tisch stand, den er noch nicht aufessen sollte, und weil ich – oh, welch eine Zumutung! – die Wohnung dekoriert hatte. Als dann noch Kinder ins Haus kamen, die aus Willis Sicht einzig und allein in die Schule gehörten, warf er sich auf den Boden und begann durchgängig zu schreien. Das eine Mädchen hatte beängstigenderweise einen epileptischen Anfall nach dem anderen, fiel wie abgeschaltet zu Boden, von wo sie dann drei Sekunden später wieder aufstand, als sei nichts gewesen. Das andere Mädchen kackte zweimal hintereinander in die Hose (die Mutter hatte beim Abliefern stolz verkündet, dass sie keine Windel mehr brauchte), und das dritte Kind räumte derweil im oberen Geschoss *alle* Schränke leer und schüttete sämtliche Seifenblasenflüssigkeit in die Bügelperlen.

Über allem tobte noch Olivia in einem epischen Wutanfall und mit der Gewalt einer fünfjährigen kleinen Schwester, die keine fetten Geschenke bekommen hat. Wären nicht mal wieder meine Eltern eingesprungen, hätten wir den Nachmittag – zumindest unserem Gefühl nach – nicht überlebt.

Seitdem übe ich mich für Willi im «Geburtstags-Downgrading»: bekanntes Geburtstagslied singen, immer der gleiche Kuchen, Omas, Opa und Onkel Sören zu Besuch, Luftballons – Ende.

Aber wirklich etwas gelernt habe ich daraus anscheinend doch nicht. Weil ich für Willi – nach meiner Vorstellung – ja keine «richtigen» Kindergeburtstage ausrichten darf, bekommt Olivia meinen Organisations- und Bastelzwang mit doppelter mütterlicher Wucht ab.

Im letzten Jahr hatte sie sich einen Frosch-Geburtstag gewünscht. Ich ließ sie die halbe Vorschulklasse einladen. Das ganze Haus dekorierte ich tagelang froschig, schnitt Froschgirlanden, bemalte Frosch-Luftballons, machte Frösche aus Äpfeln, Frosch-Cake-Pops, erfand Froschspiele und nähte ein Froschkostüm. Es sah alles fast so perfekt aus, wie mein Stresspegel hoch war. Natürlich wollte ich die Vorbereitungen mit meiner Tochter gemeinsam machen, aber nach dem Schnippeln einer Girlande und dem Dekorieren von drei Frosch-Muffins hätte sie lieber mit mir gespielt, statt neben mir zu stehen, während ich wie eine Irre herumwerkelte.

Mein Schlüsselmoment war dann folgende Situation: Olivia sprang am Abend vor der Feier gelangweilt auf dem Sofa herum und sagte mir, im nächsten Jahr wünsche sie sich einen «Bunt-Geburtstag». Ich – innerlich schon bereit für die nächste Partyplanung – machte mir eine Notiz ins Handy und verkündete umgehend diverse Bastel- und Dekorationsvorschläge. Daraufhin schüttelte sie heftig den Kopf, hörte auf zu hüpfen, schaute mich ernst an und antwortete: «Nein, Mama, ich meine einen ‹Einfach-so-Geburtstag›, so ohne alles: einfach nur so Geburtstag feiern.»

Ich hoffe, ich hab's kapiert!

An Olivias siebtem Geburtstag waren meine guten Vorsätze schon fast wieder vergessen. Es lag eher an mangelnder Zeit als an meiner Weisheit, dass das Vorbereitungsprogramm deutlich abgespeckter ausfiel als im Vorjahr.

Mein Mann und ich holten Olivia von der Schule ab, und unterwegs erzählte sie allen, die es wissen wollten – oder auch nicht wissen wollten –, dass sie gleich Geburtstag feiern würde! Fast jeder Erwachsene sagte daraufhin sinngemäß: «Toll, und was macht ihr?» Worauf sie ziemlich verwirrt entgegnete: «Geburtstag feiern!?»

Damit sie (und ich) nicht das Gefühl bekäme, an einer normalen Geburtstagsfeier könnte etwas falsch sein, begann ich die Frage für sie zu beantworten, indem ich erklärte, dass ihre Freundinnen kommen und wir Kuchen essen und spielen werden. Dass wir zu dem Motto «Schneeflocken» dekoriert hatten, kam mir fast wie eine Rechtfertigung dafür vor, dass wir *nichts* machten. Und nein, es war kein «Eisköniginnen-Geburtstag». Und ja, wir feierten tatsächlich zu Hause. Nochmals nein, es kam kein Fakir oder jemand von der Make-up-Academy. All das erschien mir plötzlich fast revolutionär! Wir bekamen vielerlei Lob für die schier unglaubliche Idee, nicht in einem Indoor-Spielplatz, auf der Eisbahn oder in einem Ballettstudio zu feiern. Das sei ja auch alles gar nicht nötig. Komischerweise suggerierten mir aber genau diese Leute überhaupt erst, dass es eben doch nötig sei, beim allgemeinen Kindergeburtstagsevent-Wettrüsten mitzumachen.

Sollte Willi jemals den Entwicklungstand «Topfschlagen» erreichen, werde ich auf die Einladung «Retro-Geburtstag» schreiben – als coole Bezeichnung für einen ganz normalen Kindergeburtstag. Coolness interessiert meinen Sohn glücklicherweise bis jetzt so gar nicht, Eierlaufen allerdings auch nicht. Und ein schwerbehindertes Kind, dem man für ein Spiel die Augen verbinden könnte, habe ich bis jetzt auch noch nie im Haus gehabt. Willi findet den Topf nicht mal, wenn er direkt vor seiner Nase steht. Erst wenn er das dritte Mal darunter Gummibärchen gezeigt bekommt und mit dem Kochlöffel schon vielfach aufs Kaffeegeschirr und den eigenen Kopf gedroschen hat, fällt langsam der Groschen, was er tun soll. Das Spiel ist aber dadurch nicht weniger lustig, im Gegenteil!

Ich bin ja schon mal sehr glücklich, dass sich Willi auf seinen Geburtstag mittlerweile überhaupt freut und sogar richtig oft danach fragte: «Tsta? Tsta?» Als ich ihm am Tag vor seinem neunten Geburtstag auf die Tsta-Frage endlich antworten konnte, er müsse jetzt nur noch *einmal* schlafen, sprang er sofort in sein Bett, schloss kurz die Augen, um mit einem vehementen «TSTAAA» wieder aufzuspringen. So süß! Ich wagte es nach einem Jahr Pause sogar wieder, zwei Kinder aus seiner Schule einzuladen.

Der Ablauf der Party war dann übrigens (wenn auch nicht altersgemäß) ziemlich klassisch – bis auf die Spiele, die sich auf ein nicht ganz regelkonformes Dosenwerfen aus etwa dreißig Zentimeter Abstand beschränkten (wann immer ich es schaffte, die Dosen überhaupt aufzubauen).

Willi war der typische Gastgeber: Er machte den

Kasper, warf mit Schokoküssen um sich – und keiner durfte seine Blink-und-Dudel-Spielsachen anfassen. Das eine Kind wollte die ganze Zeit zu Mama nach Hause, und das andere futterte so viele Süßigkeiten, dass es später eine unvorstellbare Menge an schlecht zerkautem Brei auf sich und unser Sofa erbrach. Dabei saß es kerzengerade, und es quoll nur so aus seinem Gesicht hervor; es bot einen Anblick, bei dem sich meinem Mann abends, als wir erschöpft Willis ersten richtigen Kindergeburtstag Revue passieren ließen, der Vergleich mit einer Popcornmaschine aufdrängte.

Die Feier war auch richtig toll und sogar im Nachhinein noch lustig – jetzt, wo das Sofa wieder ganz sauber ist.

WIE MAN'S FALSCH MACHT —
BULLSHIT-BINGO

Immer mal wieder werde ich gefragt, wie man sich gegenüber einer Familie mit einem behinderten Kind denn richtig verhalten könne. Egal, was man sagt – alles sei irgendwie falsch. Abgesehen davon, dass die Devise «Einfach mal die Klappe halten» manchmal nicht die schlechteste ist, gibt es natürlich kein allgemeingültiges «richtiges» Verhalten. Allerdings habe ich festgestellt, dass es sehr wohl einige Dinge gibt, die definitiv *immer* falsch sind – ich notiere sie auf einer meiner Listen. Das hilft mir, mich abzuregen.

In den ersten Jahren nach Willis Geburt habe ich oft etwas auf diese Liste geschrieben. Unser Kind war erst wenige Wochen alt (und ich hatte noch nicht mal eine Liste), als mir im Krankenhaus eine Schwester von einer anderen Station ins Ohr flüsterte: «Es ist ein Mongölchen, oder? Da werden Sie ganz lange ein Baby haben. Sie müssen gut aufpassen, dass es Sie nicht überlebt.» Die furchtbare Bedeutung dieser Worte ging mir erst richtig auf, als die Frau schon lange in irgendeinem Korridor verschwunden war.

Ein Vater eines kleinen Kindes mit Down-Syndrom hat aus seinen gesammelten Kommentaren ein Bullshit-Bingo gemacht: eine Bingo-Karte mit den blödesten Sprüchen, die er dann gemeinsam mit seiner Frau im Geiste abhaken konnte, wenn sie einen Gesprächspartner hatten, bei dem sie sich für die Existenz ihres Kindes rechtfertigen mussten. Ganz oben stand natürlich: «Habt ihr das denn nicht testen lassen?» (Was auch bei uns ganz oben rangiert.) Und weiter unten stand sogar: «So etwas muss heute doch nicht mehr sein!» Bis hin zu dem Satz: «Unter Hitler wäre das nicht passiert.» Ich persönlich habe diesen Spruch nie gehört, aber es gibt ihn tatsächlich noch! Dass es unverantwortlich sei, «so ein Kind» zu bekommen, habe ich dagegen schon öfter hören müssen, auch den Kostenfaktor bekam ich mehrmals vorgeworfen.

Natürlich kann man bei einem solchen Bullshit-Bingo die Karte während eines einzelnen Gesprächs nie komplett abhaken. Ich wüsste jedoch genau, was es bedeutet, wenn mein Mann in einer Unterhaltung «Bingo» sagt. Wir könnten uns anschauen und gemeinsam lächelnd aufstehen und den Raum verlassen – der Hauptgewinn: weg von einer Unterhaltung, die reine Zeit- und Kraftverschwendung ist! Aber tatsächlich finde ich allein das Wort Bullshit-Bingo schon so furchtbar, dass wir selber gar keines haben. Es ist ja auch wirklich der Inbegriff der negativen Erwartungen.

Irgendetwas lebt in uns, dass wir uns oft mehr am Negativen aufhalten als am Positiven, Schönen, denn ich habe keine Liste mit den vielen tollen Dingen, die man mir schon im Zusammenhang mit Willi gesagt hat. Ich merke, dass sich alle Leute besonders gerne von Diskriminierungen und Beleidigungen erzählen lassen. Mir persönlich geht es mit Leserbriefen so: Ich freue mich wirklich sehr über die vielen netten Zuschriften, aber wenn dann eine einzige richtig blöde kommt, hänge ich im Kopf tagelang daran fest und rege mich darüber auf und erzähle es herum.

Ich mag auch Klatsch und Tratsch und würde zu gerne hören, was andere über uns so sagen. Aber wann immer ich es dann erfahre, wäre es mir letztendlich lieber gewesen, ich hätte es gar nicht gewusst. Einmal habe ich Willi zu Olivias Sommerfest im Kindergarten mitgenommen. Ich hatte eine Freundin gebeten mitzukommen, damit ich mich auch wirklich um meine Tochter kümmern konnte und nicht nur auf Willi-Jagd wäre. Und für seine Verhältnisse machte er sich auf dem Fest auch ganz gut.

Später jedoch kam eine andere Mutter «auf einen Kaffee» zu mir – was sie noch nie getan hatte. Ich merkte bald, dass sie eigentlich nur gekommen war, um mir zu erzählen, was genau alles wer angeblich über Willi gesagt hatte, nachdem wir weg waren. Etwas Nettes war nicht dabei. Andere Eltern sollen sich empört haben, weil sie gar nicht gewusst hätten, wie sie «so was» ihren Kindern erklären sollten. Es war die reine Freude am Lästern, die diese Frau zu mir geführt hatte. Aber was sollte *ich* mit diesen Informationen anfangen, außer mich schlecht zu fühlen? Ich meide seitdem Läster-Mütter – sie tun uns nicht gut.

Lieber höre und lese ich Insidergeschichten von anderen Spezialfamilien. Eine Mutter wurde einmal von der Polizei angehalten, da sie falsch abgebogen war. Sie hatte hinten im Auto zwei Kleinkinder, von denen eines das Down-Syndrom hatte und das andere gerade wie am Spieß brüllte. Der Polizist schaute in den Wagen und sagte dann mitleidig: «Ach, fahren Sie mal weiter, Sie sind ja schon genug bestraft.»

Besonders liebe ich Geschichten, in denen Eltern schlagfertige Antworten eingefallen sind – zum Beispiel die Mutter, die mit ihrem behinderten Kind in einem Erste-Klasse-Abteil der Deutschen Bahn reiste. Ein Business-Fuzzi fühlte sich gestört und sagte zu ihr, dass es doch für «so was» sicher spezielle Abteile gebe. Sie antwortete wütend, aber sehr geistesgegenwärtig: «Gute Idee, ich werde gleich mal den Schaffner fragen, wo das Arschlochabteil ist!»

Wirklich gelacht habe ich auch, als eine Mutter in der Down-Syndrom-Mailingliste schrieb, sie sei mit ihrem Kind im Urlaub in einer Notfallambulanz gewesen. In den Aufnahmebogen sollte sie die Diagnose eintragen und schrieb «eitrige Mittelohrentzündung». Die Ärztin untersuchte den vierjährigen Jungen schweigend und bat die Mutter dann auf ein Gespräch unter vier Augen. Sie forderte die mittlerweile recht besorgte Mutter auf, sich zu setzen, und eröffnete ihr mit mitleidiger Miene: Leider müsse sie ihr sagen, sie hege den konkreten Verdacht, dass ihr Sohn ein Down-Syndrom habe. Erleichtert lachte die Mutter und sagte, dann sei sie ja beruhigt, dass ihr Sohn nicht *zwei* Down-Syndrome habe, denn von dem *einen* habe sie schon gewusst. Für wie bescheuert kann eine Ärztin eine Mutter eigentlich halten?

Eine andere Frau – ungefähr im Alter meiner eigenen Mutter – schrieb mir, das Schlimmste sei für sie gewesen, dass ihr Anfang der Achtzigerjahre einmal jemand zwei Mark als «Almosen» in die Hand gedrückt habe, als sie mit ihrem Sohn – ein Junge mit Down-Syndrom – den Wochenmarkt besuchte!

Dazu fällt mir noch eine andere Geschichte ein, die ich im Elternforum gelesen habe. Ein junger, sehr selbstständiger Mann mit Down-Syndrom verließ eines Tages das Haus seiner Eltern in ungewohnter Kleidung. Der Mutter war aufgefallen, wie er lange Zeit im Kleiderschrank gesucht und die älteste Jogginghose und ein kaputtes T-Shirt gewählt hatte sowie eine Baseball-Kappe. Da er sich in der Regel gerne chic kleidete, war die Mutter alarmiert, konnte aber von ihm nicht erfahren, was er im Schilde führte. Kurze Zeit später klingelte das Telefon, eine Nachbarin erkundigte sich bei der Mutter, ob sie wisse, dass ihr Sohn auf dem Marktplatz stehe und bettle. Nein, sie wusste es nicht und ließ sich ihren Sohn am Telefon geben. Auf ihre entgeisterte Frage, was er denn da mache, antwortete er nur: «Geld verdienen.» Sie nordete ihren Sohn ein, *sofort* nach Hause zu kommen. Und die Nachbarin fragte noch am Schluss des Gesprächs, ob sie ihm denn jetzt einen Euro geben solle oder nicht ... Ganz sicher: Falsche Frage!

Die wirklichen Verletzungen passieren meist im engen persönlichen Umfeld. Im Krankenhaus erzählte mir eine Mutter, dass sie die Beziehung zu ihrer besten Freundin wegen eines einzigen Satzes aufgekündigt hatte. Ihr herzkrankes und schwerbehindertes Baby schwebte seit Wochen zwischen Leben und Tod. Die Freundin rief zufällig an, als die Kleine gerade in der neunten Stunde einer Herz-OP war. Sie hatte nichts Besseres zu fragen als: «Aber sonst alles okay bei euch?»

Ich kann das so gut nachvollziehen: In einer solchen Ausnahmesituation gibt es kein «und sonst» mehr! Das ist ja gerade das Furchtbare. Ich persönlich bin schon verletzt, wenn ich nach drei Wochen, die ich mit Willi im Krankenhaus oder im SPZ verbracht habe, gefragt werde, ob wir uns denn gut erholt hätten. Dabei ist das natürlich unfair, denn wer das nie erlebt hat, kann sich auch nicht vorstellen, wie anstrengend so etwas ist.

Und dann wieder gibt es Leute, die es sich auch einfach gar nicht vorstellen *wollen*. Sie wollen immer nur hören, dass alles gut ist. Und weil ich keine Lust habe, ihnen den Gefallen zu tun, das zu sagen, unterhalte ich mich mit ihnen letztendlich einfach gar nicht mehr. Wer das Anstrengende nicht wissen will, bekommt das Schöne von mir auch nicht erzählt!

Einmal wurde ich im Supermarkt von einem älteren Mann schlimm angestarrt. Das ist schon einige Jahre her. Willi saß damals noch in der Karre, und ich hatte das Gefühl, der Mann würde uns geradezu verfolgen. Ich war an dem Tag nicht gut drauf und kurz davor, loszuheulen oder den Typen anzuschnauzen, ob er wohl noch nie ein behindertes Kind gesehen habe. Als er meinen Blick bemerkte, kam er zu mir, entschuldigte sich und erzählte mit feuchten Augen, er habe selbst ein Kind mit Down-Syndrom gehabt, das leider viel zu früh gestorben sei. Er wünschte uns alles, alles Gute und sagte, ich werde noch viel, sehr viel Freude mit diesem Kind haben – und damit hatte er auf jeden Fall das Richtige gesagt!

In meinem Umfeld beobachte ich die Tendenz, dass Freunde, statt sich mal ordentlich aufzuregen, ständig behaupten, an jeder noch so ätzenden Situation innerlich zu reifen. Eigentlich wundere ich mich, dass nicht schon alle ganz erleuchtet sind! Mit einem behinderten Kind müsste man dann bald ein Heiliger sein und vor lauter Möglichkeiten, an denen man seelisch wachsen kann, nur noch durch die Gegend schweben. Tut man aber nicht, ich stampfe sogar, ganz im Gegenteil, des Öfteren mit meinem Fuß auf den Boden, wenn mich mein Sohn nervt.

Mit Krankheiten ist es dasselbe: Sie müssen uns weiterbringen und immer für etwas «gut» sein. Obwohl es sicher rückblickend auch für mich eine zentrale Erfahrung gewesen ist, hätte ich persönlich trotzdem ganz gut darauf verzichten können, an Depressionen zu erkranken.

Fast zwanzig Prozent aller Deutschen haben im Leben mindestens einmal eine Depression oder ein Burnout-Syndrom oder wie auch immer man es nennen möchte. Ich fürchte, Eltern behinderter Kinder könnten sogar noch stärker gefährdet sein als andere Menschen – auf jeden Fall kenne ich keine einzige Familie, die nicht traumatisiert ist durch die Diagnosen und Krankheitsverläufe ihrer Kinder.

Ich hatte meine erste Depression kurz nach Willis Geburt. Zum Glück wurde ich in dem Krankenhaus, in dem ich mit Willi zusammen untergebracht war, gleich mitbehandelt. Das habe ich einem wahrhaft guten Kinderarzt zu verdanken, der doch tatsächlich nicht nur auf das Kind blickte, sondern auch auf die Eltern. Er rief am Wochenende bei uns privat an, um sich nach mir zu erkundigen. Er sprach mit meinem Mann, der meinem Zustand vollkommen ratlos gegenüberstand. Wir konnten ja gar nicht einschätzen, ob die vielen Tränen und Ängste normal waren in einer Situation, die ganz und gar nicht normal war.

Meine Erinnerung an diese furchtbare Zeit ist lückenhaft. Aber ich weiß noch, dass ich nach den Fragen des Kinderarztes in meiner anthroposophischen Hebammenbibel unter «postpartale Depression» nachgeschlagen habe. Dort war davon die Rede, dass der Mann seiner Frau mal «etwas Schönes» mitbringen sollte, wenn sie Wochenbett-Blues habe. Diese Worte verstärkten nur mein Gefühl, dass all das nichts mit mir zu tun hatte und dass mein Kind und meine Empfindungen aus einer ganz anderen Welt zu stammen schienen. Zum Glück besaß ich noch ein handfesteres Buch zum Thema «Schwangerschaft und Geburt», in dem eine Liste von Symptomen einer Wochenbettdepression genannt wurden, die mir zeigten, dass ich mit meinen Empfindungen doch nicht allein auf diesem Planeten war. Unter anderem stand dort: «Haben Sie ständig Angst? Haben Sie das Gefühl, ‹das alles› nicht zu schaffen? Haben Sie Probleme, Ihr Kind anzusprechen? Haben Sie den Gedanken gehabt, nicht mehr leben zu wollen? Dann benötigen Sie dringend ärztliche Hilfe!»

Ich werde nie vergessen, wie es war, meine gesamten Kräfte aufbringen zu müssen, um morgens das Bett zu verlassen. Es war so furchtbar! Und dabei musste ich immer gnadenlos weiter funktionieren, mehr wie ein Roboter als ein Mensch. Eine Maschine kann natürlich auch kein Kind lieben, und dafür fühlte ich mich unendlich schuldig. Erzählt habe ich das alles niemandem, außer dann der Ärztin. Als sie sagte, ich hätte eine schwere Depression, war ich überrascht, aber auch unendlich erleichtert: Vielleicht war ich doch gar keine schlechte Mutter, sondern einfach krank. Sie verschrieb mir ein Antidepressivum, einen sogenannten Serotonin-Wiederaufnahmehemmer, der dafür sorgt, dass das eigene Glückshormon Serotonin vom Körper langsamer abgebaut wird. Ich war so willenlos, dass ich die Tabletten nahm, obwohl ich stillte (na ja, zu stillen versuchte und Willi die abgepumpte Milch danach sondierte). Laut einer Studie war das Präparat nicht in der Muttermilch nachzuweisen, aber trotzdem hatte ich große Angst und schämte mich sehr. Ich zählte die Stunden, bis das Medikament wirkte. Nach zwei Wochen war die Last so weit von mir genommen, dass ich das Gefühl hatte, weiter leben zu können. Was Menschen leisten, die dauerhaft mit Depressionen leben, ist unvorstellbar – sie müssen so stark sein!

Als ich mich wieder vollkommen gut fühlte, setzte ich die Tabletten ab – ich habe sie ungefähr ein Jahr lang genommen und begleitend eine Gesprächstherapie gemacht.

Ich dachte immer, es sei eine Überlastungsdepression gewesen, die im Zusammenhang mit Willis Behinderung und seiner schweren Erkrankungen gestanden habe. Aber weil ich nach der Geburt unserer Tochter erneut in ein schwarzes Loch fiel, denke ich heute, dass es vielleicht in beiden Fällen «normale» Wochenbettdepressionen gewesen sind, verstärkt durch die hohe Belastung. Ich selbst war übrigens nicht in der Lage, meinen Zustand einzuschätzen und wiederzuerkennen. Es brauchte meine Mutter und die Ehrlichkeit meines Mannes, dass ich mich in eine psychiatrische Klinik einweisen ließ. Es ging mir sehr schlecht, und ich erinnere mich genau, dass ich kaum die Kraft zum Ein- und Ausatmen hatte. Meine Freundin hatte einen Platz in einer Klinik angefragt, in die ich mein Baby mitnehmen konnte. Ich wehrte mich, weil ich Matthias nicht mit Willi allein lassen wollte. Erst als er mir gestand, dass ich für ihn eine Belastung und keine Hilfe sei, stimmte ich schockiert der Einweisung zu.

Die Welt drehte sich erstaunlicherweise ganz normal weiter, während ich sechs Wochen mit Olivia stationär in einer psychiatrischen Klinik verbrachte. Matthias und Willi kamen auch ohne mich zurecht. Es war der richtige Schritt. Neben der schnellen Einstellung auf ein Medikament und der Befreiung von allen Alltagsverantwortungen war das Beste dort die Ergotherapie. Es gab verschiedene Werkstätten, und ich durfte nach Belieben basteln. Wie lange hatte ich das nicht getan, einfach so vor mich hin zu werkeln, ohne Zweck und ohne Ziel!

Unter anderem gab es noch Tanztherapie und natürlich Gespräche. Das war unbeschreiblich anstrengend, weil ich das Gefühl zu mir selbst ganz verloren hatte, aber jemand vor mir saß, der mich und meine übertriebenen Ansprüche komplett entlarvte und sie mir um die Ohren haute: Selbst in der Therapie wollte ich noch alles besonders gut und richtig machen! Der Therapeut gab mir das Vertrauen, dass bestimmte Dinge, für die wir ständig ein schlechtes Gewissen haben, oft eine heilende Funktion haben. Wir müssen uns dafür nicht hassen, im Gegenteil: Wenn ich heute, statt die Hausarbeit zu erledigen, drei Stunden auf dem Sofa gesessen und für Olivia ein Kaninchen gehäkelt habe, dann habe ich das gebraucht. Es war meine Ergotherapie! Und selbst das ständige Funktionieren hat eine Funktion für mich, die ich mir nicht immer übelnehmen sollte. Sogar dem Feierabendbier meines Mannes gegenüber habe ich durch diese These deutlich mehr Verständnis entwickelt: Es ist eben seine Männertherapie! Mit dem Wein nach dem halben Liter Weizenbier halte ich ihn dann aber schon wieder für übertherapiert ...

Mir gefällt der Gedanke, dass in Willi schon seine eigene und unsere Therapien mitgeliefert wurden: Wir singen und tanzen durch unseren Alltag, haben viel Bewegung im Freien, müssen ständig lachen – sogar in krassen Situationen –, und in meiner Arbeitszeit mache ich noch Schreib- und Maltherapie und werde sogar dafür bezahlt!

Und wenn unsere Lieblingsband irgendwie in unserer Reichweite spielt (oder auch außerhalb davon), dann werden die Kinder gnadenlos outgesourcet, und mein Mann und ich setzen *alles* in Bewegung, um uns zwei Abende lang die Seele aus dem Leib zu rocken: *Das* ist dann unsere Paartherapie, und sie tut uns sehr gut! Und an allem anderen brauche ich nicht unbedingt zu wachsen, sondern jammere lieber etwas herum.

ZUCHT UND UNORDNUNG

Fast alle Leute sind sich einig: Auch ein behindertes Kind muss gut erzogen werden – so eines *besonders* gut sogar! Ich finde, dass das eine Diskriminierung ist, denn warum muss gerade ein behindertes Kind besser erzogen sein als ein anderes – als Ausgleich?

Aber keine Angst, ich versuche schon aus reinem Selbsterhaltungstrieb, mein Kind möglichst gut zu erziehen, wenigstens in einigen Bereichen. Aber Hilfe bekommen wir, außer von der Schule, dabei nur selten. Niemand hat Lust, mit Kindern streng zu sein – inklusive mir. Lieber verschenken alle nur Süßigkeiten, die dann die Eltern zu Hause verbieten müssen, weil es ständig zu viel ist. Anders als allgemein angenommen, sind wir übrigens mit unserem behinderten Kind deutlich strenger als mit unserem nicht behinderten. Das kommt vielleicht daher, dass Willi nicht diskutieren kann – und Ausnahmen blitzschnell klare Strukturen zerstören, die wir jahrelang mühselig aufgebaut haben ...

Leider halten es die meisten Erwachsenen nicht aus, wenn Willi in ihrer Gegenwart zum Beispiel etwas aufräumen muss, was er soeben durch die Gegend geworfen hat. Sie heben es für ihn auf. «Ach, lass ihn doch», bekomme ich dann zu hören, wenn ich darauf bestehe, dass er es selbst machen soll. Auch mein Vorhaben, Willi möge andere Menschen begrüßen und verabschieden, scheitert komplett am Gegenüber. Außer seinem Opa gibt fast niemand Willi die Zeit, die er braucht, um sein generelles Unbehagen gegenüber jeglicher Aufforderung zu überwinden. Die meisten haben sich schon lange von ihm abgewendet und sehen seine ausgestreckte Hand oder sein Winken nicht mal mehr, weil sie damit beschäftigt sind zu beteuern, dass das doch gar nicht nötig sei. Ich finde sehr wohl, dass eine kleine Begrüßung nötig ist, aber ich kann es Willi wirklich nicht beibringen, da ich unserem Besuch sonst auch streng in die Augen blicken und streng sagen müsste: «Stopp, erst Willi guten Tag sagen, dann Kaffee trinken!»

Ich denke, dass ich oft für sehr herzlos gehalten werde, denn bei einer konsequenten Ansage an Willi klinge ich eher wie ein Drill-Instructor der US-Marines als wie eine mitfühlende Mutter. Es hat ja auch gar nichts mit Gefühlen zu tun: Willi schleudert seinen Schuh ins Gebüsch, dann muss er ihn auch wieder rausholen. Diejenigen Menschen, denen das zu hart erscheint, bekommen ja auch nicht zu Hause die Kartoffeln mit Soße oder Glasmurmeln an den Kopf geschmissen. Es geht wirklich nicht um Gefühle; eigentlich ist jede Erziehungssituation, in der ich durch Willis Verhalten meine Gefühle verletzt sehe, schon völlig vergurkt. Wenn ich Worte sage wie: «Willi, bitte, bitte, tu mir einmal den Gefallen und beeile dich», weiß ich, dass ich keine gute Führungsperson mehr bin. Dann brauche ich einen Schichtwechsel.

Willi lernt zwar nur langsam, aber ob feste Regeln gelockert werden oder Mamas Nerven blank liegen, bemerkt er sofort und testet danach noch eine halbe Ewigkeit, ob man heute vielleicht wieder, wie beim Familienfest, einen Teller auf dem Boden zerspringen lassen darf – das ist ja auch ein zu schönes Geräusch, der Teller sieht danach ganz erstaunlich anders aus, alle Erwachsenen lächeln, und Oma springt sogar auf, um mit Willi zu spielen!

Fegen lasse ich ihn als «Erziehungsmaßnahme» allerdings nicht mehr. Ich durfte letzten Sommer feststellen, als er das dritte Glas am selben Tag zerdeppert hatte, dass er begeistert zum Schrank lief und Handfeger und Schaufel holte. Die Konsequenz aus absichtlichen Scherben ist nun, dass er so lange ins Bett muss, bis ich allein gefegt habe.

Bei jeder Verhaltensbesonderheit von Willi muss man sich die Frage stellen: Welchen Mehrwert hat er davon? Um dann einen anderen Weg zu finden, seine Bedürfnisse zu erfüllen. Willi darf mir jetzt immer auf der Terrasse beim Fegen helfen – auf jeden Fall an den Tagen, an denen ich darüber schmunzeln kann, dass er den Mülleimer immer wieder auskippt und bei dem Versuch, mit dem Handfeger alles erneut aufzunehmen, den Dreck glücklich und großflächig verteilt.

sehr gut(1) gut(2) befriedigend(3) ausreichend(4) mangelhaft(5) ungenügend (6)

Konsequenz ist vielleicht die wichtigste Komponente der Kindererziehung. Positiv ausgedrückt gibt es den Kindern die Sicherheit, sich auf das Gesagte der Eltern verlassen zu können. Realistisch gesehen sind es die seltenen Momente, in denen die Kinder es nicht schaffen, sich durch Nerverei, Diskussionen, einen gigantischen Wutanfall oder (extrem effektiv, trotzdem erstaunlich selten angewendet) wiederholtes freundliches Nachfragen über das von den Eltern Angesagte hinwegzusetzen. Auch bei Willi finde ich es deutlich schwieriger, hart zu bleiben, wenn er immer wieder begeistert lachend und nickend auf die Bäckertüte tippt, in der noch ein letztes von vier frischen Brötchen liegt, als wenn er die Tüte einfach grabscht und aufreißt.

Wirklich konsequent sein bedeutet – auch wenn ich am Abend selber völlig groggy bin und auf nichts mehr Lust hätte, als mit meiner Tochter vor der Glotze zu liegen und einen alten tschechoslowakischen Märchenfilm zu gucken – das Fernsehverbot durchzuziehen, wenn Olivia um 19 Uhr die Hausaufgaben nicht fertig hat. Aufgrund eines gewissen Rest-Egoismus (oder sollte ich es Überlebensinstinkt nennen?), bin ich extrem sparsam mit solchen Drohungen, besonders weil meine Tochter in der verbleibenden Stunde vor dem Schlafen (aber *nach* den Hausaufgaben) dann mit mir wahrscheinlich mit Filly-Pferden oder Schleich-Einhörnern spielen will, was ich persönlich sehr anstrengend finde, fast so anstrengend wie Hausaufgaben zu machen.

Auch Willi bekommt Fernsehverbot. Bei ihm ist es die Konsequenz aus einer vollen Windel. Seine Lernziele liegen eigentlich immer im praktischen Bereich. Wir haben in einem «Triple P»-Elterntraining den wenig realitätsnahen Tipp bekommen, ihn mit Smileys für das erfolgreiche Toilettengeschäft zu belohnen (für drei gesammelte Smileys dann Fernsehen). Aber da er sich weder für Smileys interessiert noch bis drei zählen kann und noch weniger eine Stunde fernsehen damit in Verbindung bringen wird, dass er gestern und vorgestern auch schon in die Toilette gemacht hat, haben wir das Belohnungssystem für Willi adaptiert. Seit über zwei Jahr versuchen wir nun, ihn durch die unmittelbare Aussicht auf Fernsehen *nach* Benutzen der Toilette für das große Geschäft zu erpressen. Das geht so weit, dass Willi mittlerweile die Gebärde für «Fernsehen» macht, wenn er mal muss. Oder vielleicht geht er auch nur auf die Toilette, weil er fernsehen will? Aufgrund unseres mäßigen Erfolges mit der bisherigen Toiletten-Fernsehtherapie belohnen wir Willi nun für den Besuch der Toilette ganz unmittelbar mit Glotzen direkt *auf* dem Klo. Mein Gott, was man als Eltern nicht alles veranstaltet! Zusätzliches Fernsehen gib es nur, wenn die Windel zwischendurch sauber geblieben ist. Das hat allein schon deswegen einen guten Effekt, weil auch Olivia und mein Mann nicht besonders scharf sind auf verregnete Wochenenden, an denen Fernsehverbot herrscht – ich habe also zwei neue Mitstreiter im Kampf gegen die braune Gefahr, die Willi auf die Toilette nötigen!

Also *wenn* ich überhaupt mal eine klare Ansage mache,

kann ich die auch ziemlich konsequent durchziehen. Doch mindestens genauso nützlich ist meine Fähigkeit, manche Dinge konsequent zu ignorieren. Wenn ich gerade keine Lust, Zeit oder Kraft habe, mich darum zu kümmern, sehe ich es einfach nicht, dass Willi draußen gerade seine Winterjacke ausgezogen hat und barfuß durch den Garten läuft.

Das funktioniert auch bei mir selbst: Früher zum Beispiel, da habe ich mir viele Gedanken um die Konsistenz meines Hinterns gemacht und mir jedes Mal bei seinem Anblick vorgenommen, täglich fünfzehn Minuten Bauch-Beine-Po-Gymnastik zu betreiben. Seit der Geburt meiner Kinder meide ich schlichtweg jeglichen Blick auf dieser Höhe in den Spiegel, und schon habe ich keine Probleme mehr damit. Aber man muss wirklich konsequent sein, nur ein Blick nach hinten in einer Umkleidekabine kann zwei Jahre erfolgreiche Verdrängung zunichtemachen ...

Olivia hatte ein Schulheft, in das sie die neuen Buchstaben bunt einmalten, jeweils zu einem Gedicht dazu. Es war nie Teil der Hausaufgaben, aber ab und zu schaute ich hinein und konnte sehen, wie viele leere Seiten es hatte. Ich habe es jedes Mal konsequent ganz schnell wieder zugeschlagen. Damit wollte ich nix zu tun haben, wir sitzen wirklich schon lang genug an den im Unterricht verpassten Arbeitsblättern und den Hausaufgaben.

Der sehr neutral dreinblickende Smiley – also nicht direkt ein «Heuli», man könnte ihn wohl am ehesten ein «Indifferey» nennen –, den die Lehrerin ans Ende des Hefts gemalt hat, hat Olivia dann auch sicher deutlich mehr beeindruckt als eine lange Rede von mir. Aber wer weiß, vielleicht ist ihr auch beides egal. In Sachen «Interesse an Schule» ist sie auch ziemlich konsequent ...

Einmal bekam ich einen bösen Leserinnenbrief von einer Frau S., der mich sehr beschäftigte. Ich wachte sogar nachts auf und grübelte über die Vorwürfe dieser Leserin. Seit Jahren lese sie nun schon monatlich meine Texte, und ich sollte doch endlich damit aufhören, die ganze Nation vollzujammern. Frau S. schrieb: «Sie hatten ja die Wahl, das Down-Syndrom-Kind zu bekommen oder nicht.» Und dann hieß es im Text wörtlich: «Wenn ich noch jung und schwanger wäre, würde ich, wenn ich solche Dauerfrustberichte lese, auch an eine Abtreibung denken.»

Komischerweise habe ich gar nicht das Gefühl, immer nur zu jammern. Ich erzähle doch einfach von unserem Alltag. Aber was andere sich vielleicht gar nicht vorstellen können: Für mich ist es Normalität, dass mein Sohn mit neun Jahren noch eine Windel braucht und nicht begriffen hat, dass man nicht seine Füße in den Pullover stecken soll, sondern die Arme.

Na ja, ehrlich gesagt, ist die Windel doch so eine Sache, über die ich wirklich öfter herumjammere, aber ich finde zu Recht. Aber da ich ja die Wahl hatte, darf ich mich wohl nicht beschweren.

Ich hatte die Wahl. Was bedeutet das? Bedeutet es, ich hätte somit auch die «moralische Pflicht» gehabt, mein ungeborenes Kind pränataldiagnostischen Untersuchungen zu unterziehen? Ob man bald, wenn man ein behindertes oder ungetestetes Kind erwartet, einen Zettel unterschreiben muss, in dem Sinne: «Ich bekomme dieses Kind auf eigene Verantwortung; wenn es schwierig wird, werde ich nicht öffentlich herumjammern und alle Kosten selbst tragen ...»?

Jammern nicht alle Eltern? Und wissen wir nicht alle, dass das keineswegs bedeutet, wir hätten unsere Kinder lieber gar nicht bekommen, sondern nur, dass wir ziemliche Waschlappen bei der konsequenten Erziehung sind. Oder gilt es nur für ein behindertes Kind, dass man sich nicht beschweren darf? Muss ich wirklich, wenn ich von Willi schreibe, jedes Mal extra dazusagen, wie sehr ich dieses Kind liebe? Dass ich noch keine Sekunde in meinem Leben bereut habe, es zu bekommen? (Na ja, außer vielleicht ganz, ganz kurz vorletzten Freitag, als Willi versucht hat, mit dem Inhalt seiner Windel den Buchstaben «A» an die Wand zu schreiben ...)

Ich glaube übrigens nicht, dass wir bei Kindern «die Wahl» haben. Sie sind, wie sie sind! Das Leben ist lebensgefährlich, es gibt kein Recht und keine Garantie auf ein nicht behindertes oder gesundes Kind. Wer darauf besteht, sollte vielleicht besser gar keines bekommen. Aber am Ende ist es auch Quatsch, so etwas zu sagen, denn auch solche Eltern, die glauben, sich ein Designer-Kind basteln zu können, werden genau das Kind lieben, das zu ihnen kommt. Und sie werden auch genau die Herausforderung schaffen, die ihr Kind an sie stellt.

Ich bin unendlich glücklich, meine beiden Kinder zu haben, und zwar so, wie sie sind: echte Premiumkinder! Ich würde sie gegen nichts und niemanden eintauschen und werde trotzdem weiterquengeln darüber, wie anstrengend das Leben manchmal ist. Vielleicht muss ich lernen, mehr Rücksicht darauf zu nehmen, dass für andere Leute Menschen mit Behinderungen noch nicht zur Normalität gehören und für sie unser Glück deswegen schwer nachvollziehbar ist. Also werde ich immer mal wieder eine Hommage auf Willi schreiben, was für ein toller Mensch er ist und was man von ihm alles lernen kann.

Was ich allerdings mit dem Vorwurf von Frau S. machen soll, dass ich die Abtreibung ihres potenziellen Kindes (und Millionen anderer) zu verantworten hätte, weiß ich nicht. Diese Verantwortung muss schon jeder selbst tragen. Aber eines weiß ich: Eine Gesellschaft, die uns spiegelt, wir hätten bei unserem Kind die Wahl und wären somit selbst schuld, wenn es eine «Besonderung» hat, nimmt Eltern den Mut, ihr Baby einfach so zu nehmen, wie es ist. Genau das drängt sie in die pränatale Diagnostik und dadurch zu furchtbaren Entscheidungen, die eigentlich kein Mensch treffen kann!

Vielleicht kann man unterschiedlicher Meinung darüber sein, ob wir bei unseren Kindern wirklich eine Wahl haben, aber eines steht doch fest: Bei unserer Lektüre haben wir die Wahl! Und darum konnte ich Frau S. in meiner Antwort dann auch nur den einen Ratschlag geben, nämlich einfach etwas anderes zu lesen als ausgerechnet meine Kolumnen.

Neulich zeigte der fünfjährige Sohn einer Bekannten mit dem Finger auf Willi und fragte: «Mama, warum ist der so komisch?» Ich fand die Frage durchaus berechtigt, vor allem weil Willi emsig dabei war, den Strauß Tulpen, den ich gerade auf den Tisch gestellt hatte, ins Gemüsefach unseres Kühlschrankes zu bugsieren.

Ich wusste aber schon vorher, dass der Junge dringenden Gesprächsbedarf hatte, denn er hatte Olivia auf der Straße bereits mehrfach mit ihrem «Behindi-Bruder» zu hänseln versucht. Doch bevor ich etwas sagen konnte, wurde das Kind von seiner Mutter mit einem scharfen Blick abgestraft. Er hatte eine Frage gestellt, die man nicht stellen darf, und bekam die Antwort: «Es hat eben nicht jeder so viel Glück wie du.» Dann entschuldigte sie sich peinlich berührt und zerrte ihr Kind schnell weg.

Ich wusste zuerst nicht, warum, aber ich ärgerte mich über diese Szene sehr! Den ganzen Tag hatte ich diesen blöden Satz im Ohr: «Es hat eben nicht jeder so viel Glück wie du.» Denkt diese Frau wirklich pauschal, ein behinderter Mensch habe «Pech», und das Leben dieser Menschen und ihrer Familien sei unglücklicher als das ihre?

Ich fürchte, genau da liegt das Problem beim Verständnis für Familien mit behinderten Kindern. Ja, es ist oft sehr anstrengend, und das will ich auch nicht verschweigen, denn ich möchte, dass unsere Anstrengung auch wertge-

schätzt wird. Ja, ich hätte auch auf der nicht existieren-
den Wunschliste des Lebens angekreuzt, dass ich lieber
ein nicht behindertes Kind hätte (und bitte einen größeren
Busen). Aber *nein*, ich möchte meinen Sohn nicht gegen
den blöden Sohn dieser Frau tauschen (und meinen Busen
übrigens auch nicht)!

Wir sind doch keine verhungernde Familie in Afrika
oder ausgebombte Kriegsflüchtlinge aus den Nachrichten,
auf die man mit dem Finger zeigt, um verwöhnte Gören
zu ermahnen, dass sie doch bitte zufrieden sein sollen mit
dem, was sie gerade auf dem Teller haben. Warum ist es so
schwierig, sich vorzustellen, dass für uns die Behinderung
Normalität ist? Wenn mein Sohn in der Öffentlichkeit laut
schreit und herumbockt, ist das Schlimmste daran oft, dass
ich denke, dass die anderen denken, es wäre alles ganz
furchtbar mit «so einem» Kind. Ist es aber nicht, nur so
angeschaut zu werden, das ist wirklich ganz furchtbar!

Am Morgen nach der «Es hat eben nicht jeder so viel
Glück wie du»-Begegnung fuhren wir auf ein Fest, auf
dem das Duvenstedter Blasorchester spielte. Willis Liebe
zu Blasmusik hat sogar das zu unserer Normalität werden
lassen!

Es war der 1. Mai, 10 Uhr morgens, es war kalt, und
um uns herum standen jede Menge andere frierende Familien mit Kindern. Ich betrachtete die Menschen, ihre
Gesichter waren, wie die Gesichter von Hamburgern eben
sind, wenn sie bei 9 Grad Anfang Mai müde und nüchtern
im Regen stehen: *neutral* bis hin zu *sehr schlecht gelaunt*.
Die meisten Kinder quengelten herum. Auch ich war nicht
gut drauf, noch immer ging mir das gestrige Erlebnis im
Kopf herum.

Die Musik begann, und mein Blick fiel auf Willi. Es ist schwer zu beschreiben, wie begeistert er sein kann, wenn er ein Blasorchester vor sich hat. Er sprang und hüpfte, seine Augen strahlten, mal tanzte er im Kreis, dann plötzlich lauschte er wie gebannt, um dann laut aufzujauchzen vor Freude. Er nahm meine Hand, zeigte auf die Tuba, die Trompeten, die Posaunen und rief immer wieder laut: «JAAA!»

Er war so glücklich, wie ein Mensch nur sein kann! Meine Tochter Olivia krabbelte auf meinen Arm, und wir tanzten mit Willi durch den Nieselregen. Mir kamen Tränen vor Glück über diesen perfekten Moment. Um uns herum lächelten nun noch mehr Menschen, die von Willis Verzückung angesteckt wurden. Und über diejenigen, die blöd glotzten, urteilte ich dann auch mal ganz pauschal: Es hat eben nicht jeder so viel Glück wie wir!

Birte Müller

Willis Welt. Der nicht mehr
ganz normale Wahnsinn
228 Seiten, durchgeh. farb.,
geb. mit Schutzumschlag
ISBN 978-3-7725-2608-4

Birte Müller erzählt vom Familienalltag mit ihren beiden
Kindern (eines mit Down-Syndrom und eines mit Normal-
Syndrom): von Freud und Leid, von nervigen Kommentaren
und wundervollen Begegnungen und von den Selbstzwei-
feln einer Mutter. Mit viel Witz und Selbstironie ist ihr ein
Buch gelungen, das eine Liebeserklärung an ihre Tochter
Olivia und ihren Sohn Willi ist, die sie das Leben lehren!

Verlag Freies Geistesleben